本书是由作者2014年主持的天津市哲学社会科学规划后期资助项目“旅游环境审计研究”资助出版，项目号：TJGLHQ1411

经济管理学术文库 • 管理类

旅游环境审计研究

Research on the Tourism Environmental Auditing

谢　芳／著

经济管理出版社
ECONOMY & MANAGEMENT PUBLISHING HOUSE

图书在版编目（CIP）数据

旅游环境审计研究/谢芳著. —北京：经济管理出版社，2017. 11
ISBN 978 – 7 – 5096 – 5000 – 4

Ⅰ. ①旅…　Ⅱ. ①谢…　Ⅲ. ①旅游环境—审计—研究　Ⅳ. ①F239. 62

中国版本图书馆 CIP 数据核字(2017)第 044025 号

组稿编辑：曹　靖
责任编辑：杨国强　耿　维
责任印制：司东翔
责任校对：雨　千

出版发行：经济管理出版社
（北京市海淀区北蜂窝 8 号中雅大厦 A 座 11 层　100038）
网　　址：www. E – mp. com. cn
电　　话：（010）51915602
印　　刷：北京玺诚印务有限公司
经　　销：新华书店
开　　本：720mm × 1000mm/16
印　　张：14
字　　数：230 千字
版　　次：2017 年 12 月第 1 版　　2017 年 12 月第 1 次印刷
书　　号：ISBN 978 – 7 – 5096 – 5000 – 4
定　　价：68. 00 元

前　言

随着经济全球化的强劲趋势，旅游业已经从一个普通的服务行业发展成为全球经济中发展势头最强劲和规模最大的产业之一。我国旅游业已经成为国民经济战略性支柱产业，旅游业的发展产生了较好的经济效益和社会效益，但同时也对环境造成了严重影响。因此，旅游环境治理已经成为旅游资源保护领域的重要研究问题。

我国旅游和环保部门已经认识到保护环境的必要性，并采取一系列可行的措施来确保旅游业的可持续发展。作为一种环境管理工具，旅游业环境审计的主要目的是确认和监测旅游业的环境绩效，提供一个有效的旅游业环境绩效评估的手段。实施旅游环境审计对保护生态环境、完善旅游景区的环境管理以及实现旅游业大系统的可持续发展具有非常重要的意义。

环境是旅游的前提，旅游在某种情况下是依附环境而发展的，早在 2005 年国家旅游局就提出并确立了环境兴旅的观念和目标。良好的环境是旅游业建立和发展的基础，是一个国家或地区旅游业赖以生存和发展的基本条件。一切使旅游活动得以存在和进行的外部条件总和构成了旅游环境。这是一个包括社会、经济、自然等在内的复合环境系统，称为广义的旅游环境系统。在旅游环境的各系统中，本书不仅局限于讨论旅游环境的自然和旅游资源问题，也就是狭义的旅游环境问题，同时对广义的旅游环境审计等都有所涉及，如围绕“吃、住、行、游、购、娱”基本六要素的环境审计、旅游资源的知识审计，建筑旅游资源的修缮美学审计、消费者生态行为审计和旅游景区的教育审计等。

世界旅游组织（UNWTO）指出，旅游业是全球气候变化的受害者，同时也是导致全球气候变化的原因之一。旅游业对全球温室气体排放负有责任，随着旅游业不断发展，预计到 2025 年旅游业的温室气体排放量占全球排放量的比例将从 2005 年的 5% 增长到 10 % 左右。该组织也预测了 2035 年的旅游活动对碳足迹的贡献率，其中航空运输和住宿业碳足迹与其他行业相比增长幅度最大，同比 2005 年分别增加了 14 个百分点和 3 个百分点。气候变化是全球共同面临的重大问题，旅游业不可能独善其身，必须考虑如何在发展中应对及缓解气候变化问题。随着旅游经济的发展，酒店业和航空运输业碳足迹逐年攀升，因此对其进行能源环境审计是很有必要的。本书也在很多篇幅上关注旅游业的能源审计问题。

应该特别说明的是，本书是在吸收国内外旅游环境审计已有研究成果的基础上完成的，在写作过程中参考了大量的文献资料，在此一并向各位作者表示衷心的感谢。本书第 3 章旅游环境审计工具的 1 ~ 5 节由研究生黄朕整理编写，6 ~ 8 节由研究生刘蒙蒙整理编写，在此也感谢我学生的参与和帮助。

在“绿水青山就是金山银山”的发展理念下，实施环境审计有利于旅游资源的合理配置，增强整个社会的发展潜力，促使旅游企业注重环境保护、加大环保投入，促进经济发展与环境保护的双赢，实现旅游业的可持续发展。

旅游环境审计是一门正在迅速发展的新兴交叉学科，其理论与方法还在不断的完善之中。由于作者能力有限，本书尚存在许多不尽如人意的地方。恳请广大读者不吝指正，以促进我国旅游环境审计的理论研究、学科建设与人才培养。

目　录

第1章　绪论

1.1　研究背景

1.1.1　生态文明是旅游业可持续发展的策略选择

保护环境，发展生态文明是旅游业的责任。旅游业直接面对的是地球为人类提供的美丽自然景观，还有人类在这美丽自然景观环境下所创造的文化，以及承载这美丽景观和文化的环境系统。要使这美丽的自然景观和文化价值得以有效发挥并传承下去，使今天和未来的人类都能分享到自然的美丽和人类的智慧，就必须保护好它及其赖以存在的环境系统。因此，旅游业应承担起更多环境保护的责任，在生态文明建设中发挥更大的作用。

生态环境是最宝贵的旅游资源，是旅游业发展的重要基础和必备条件。早在2005年，国家旅游局和国家环保总局就联合发出通知，明确提出确立“环境兴旅”的观念和目标，指出我国旅游业正处于全面开发建设和快速发展阶段，必须高度重视生态环境保护。

遏制旅游经济系统带来的环境污染和资源浪费是我国推进生态文明建设的重要战略任务。从十六大“生态良好的文明发展道路”，到十七大“生态文明”的明确提出，再到十八大“生态文明”的独立成篇，国家的资源环境保护、节能减排战略思想实现了系统性的概括与升华。我国审计署曾围绕污染治理和生态建设两大内容，陆续组织实施了一系列环境审计活动，并取得了一定的成效。然而，在生态文明建设过程中，旅游环境审计的功能还没有得到真正发挥。本研究对旅游环境审计进行研究，有助于认清环境审计在旅游生态文明建设中的作用，更快地推进旅游生态文明建设的进程。

1.1.2 旅游对环境的负面影响

旅游业并非是人们原来认为的无污染行业，作为一种产业，旅游业也同样会产生污染。它不仅排放废弃物影响人的健康，而且产生的“旅游公害”对自然生态环境的破坏是难以弥补的。旅游活动对环境的负面冲击引起了国际社会的高度关注。旅游对环境主要有以下几个方面的影响：对动植物的影响、对水资源的影响和对气候的影响。除了以上主要负面影响外，还有旅游对暴露的地质表面、卫生环境、景观环境和文化环境等方面的影响。

1.1.2.1 旅游对动植物的影响

旅游活动可能会破坏许多野生动物的栖息地或庇护所。游人来到旅游区后，不论是旅游活动本身或者是游人所制造的噪声都会干扰野生动物的生活和繁衍。而且游人对各种山珍海味和各类野生动物制品的偏爱，更使野生动物的生存受到了威胁。有时，人们为了供应旅游纪念品而不惜对动物进行伤害。

1.1.2.2 旅游对水资源的影响

游人双足的负面效应不只局限在陆地生态系统中。随着度假旅游活动的日益兴盛，各式各样的水上运动，如水上摩托艇、划船、游泳、垂钓、跳水、潜水、驾驶帆船等，极大地丰富了人们的度假生活内容，同时也给水源带来了极大的污染冲击，而且这种冲击往往还是综合性的。旅游水源污染最严重的是船舶垃圾污染，邮轮所产生的废物主要有以下几种：废水、固体废弃物、有毒废物、带油的舱底污水等。这些污水含有营养物质、悬浮物、石油和天然气。过剩营养物质添加到水体中可加速富营养化过程，造成一些藻类过度生长，从而消耗过多的溶解氧，使水体长期处于缺氧状态中，造成鱼类等水生生物的死亡、水质浑浊发臭等，最终破坏湖泊和海洋生态系统。对人类工业、生活、灌溉用水都有不利影响。

1.1.2.3 旅游对气候的影响

我国将旅游业提升为国民经济发展的战略性支柱产业，然而旅游业并非无碳产业。世界旅游组织研究认为，旅游业对全球温室气体排放负有责任，随着旅游业不断增长，预计到2025年旅游业的温室气体排放量占全球排放量的比例将从现在的3.9% ~6%增长到10%左右。

旅游本身即意味着旅游者的空间位移，这种位移要借助汽车、轮船、火车和飞机等交通工具，交通工具所排放的大量二氧化碳就会对大气产生污染。有资料表明，城市大气污染的相当一部分是由旅游车辆造成的，这在旅游城市尤其明显。在一些游人拥挤的景区，汽车排污造成的大气污染已相当严重，其污染程度与游客数量基本成正比。为了评估整个旅游对空气污染的影响，Oscar Saenz - de-Miera（2014）研究了可吸入颗粒物的日浓度和马略卡岛的游客数量之间的关系，结果表明，游客数量是空气污染浓度的重要影响因素，同时指出游客每增加1%将导致PM10的浓度增加0.45%。[①]

中国旅游研究院颁布的《中国入境旅游发展年度报告》（2014）指出当前雾霾正成为我国入境旅游的主要影响因素之一。

Rendeiro - Martin - Cejas等（2010）和Martínez等（2010）分别估计和计算了旅游业的不同部门对温室气体排放量的影响，比如交通运输[②]、住宿或其他旅游相关经济部门。[③]

从表面上看旅游业似乎不会对空气品质造成多大的影响，但当旅游因素介入到自然环境保护区时，就会影响这些地区的空气品质。世界旅游组织（UNWTO）指出，旅游业是全球气候变化的受害者，同时也是导致全球气候变化的原因之一。[④] 游客的空间移动必然会消耗能源并产生碳足迹。从全球气候变化的角度来看，废气排放可导致酸雨，使地球增温，某些物质还可诱发臭氧层空洞。

2005年，在全球人造排放中旅游业占5%，其中40%的碳足迹来源于航空运输，这些碳排放量有38%来源于国内旅游，62%来源于国际旅游。如图1 - 1和

① Oscar Saenz - de - Miera, Jaume Rosselló. Modeling tourism impacts on air pollution: The case study of PM10 in Mallorca [J]. Tourism Management, 2014 (40): 273 - 281.

② Rendeiro - Martin - Cejas, R. & Ramirez, P. Ecological footprint analysis of road transport related to tourism activity: the case for Lanzarote Lsland Tourism [J]. Management, 2010 (31): 98 - 100.

③ Rosselló - Batle, B., Moià, A., Cladera, A & Martínez, V.. Energy use, CO_2 emissions and waste throughout the life cycle of a sample of hotels in the Balearic Islands [J]. Energy and Buildings, 2010 (42): 547 - 558.

④ 董雪旺，张捷，章锦河，成升魁. 区域旅游业碳排放和旅游消费碳足迹研究述评 [J]. 生态学报，2016 (2): 554 - 568.

图 1 –2 显示，住宿业、陆上运输和航空运输对旅游业的碳足迹贡献率，其中住宿业占比 21%，仅小于航空运输与陆上运输的碳足迹，同时也预测了 2035 年的旅游活动对碳足迹的贡献率，其中航空运输和住宿业碳足迹与其他行业相比增长幅度最大，同比 2005 年分别增加了 14% 和 3%。随着经济的发展，酒店业碳足迹也在逐年攀升。

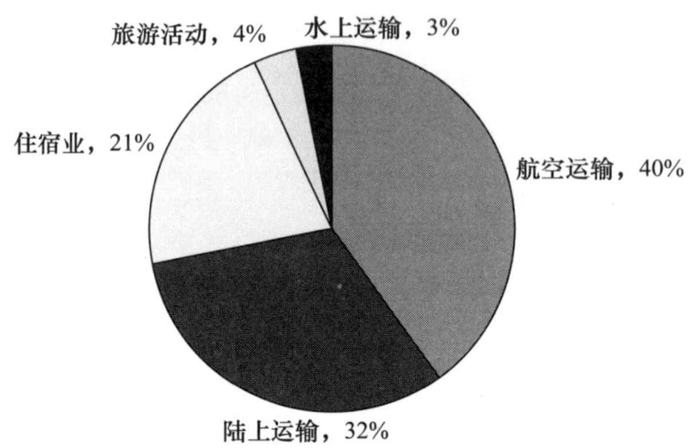

图 1 –1　2005 年旅游业各部分碳足迹贡献率①

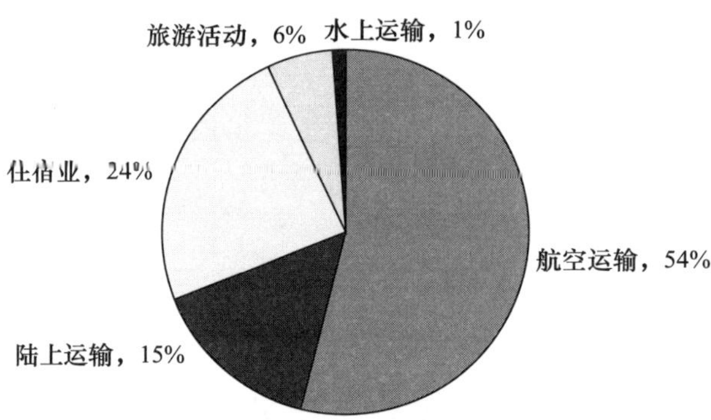

图 1 –2　预计 2035 年旅游业各部分碳足迹贡献率②

①② Terry Delacy，Min Jiang，Geoffrey Lipman，Shuan Vorster，Green Growth and Travelism，2014.

1.1.2.4 旅游的其他影响

除了以上主要负面影响外，还有旅游对暴露的地质表面、卫生环境、景观环境和人文环境等方面的影响。

在地质方面，旅游设施开发使很多完整的生态地区被逐渐分割，形成岛屿化，使环境生态面临前所未有的人工化改造。在环境卫生方面，过度的旅游经济活动、游客的一些不正当的行为都会对旅游景区环境造成影响。

1.1.3 法规政策对旅游业的约束压力

旅游业节能减排要涉及交通、住宿、餐饮等相关环节，国家旅游局在2010年出台的《关于进一步推进旅游行业节能减排工作的指导意见》中，要求五年内将星级酒店用水用电量降低20%。

2015年4月6日国家旅游局出台了《游客不文明行为记录管理暂行办法》，该办法被旅游业内称为“游客黑名单”。游客负面环境行为不利于旅游行业的可持续发展。旅游环境审计能够对游客负面环境行为起到显著的约束作用。

我国旅游业环境保护工作虽然取得了很大的成就，但矛盾仍然突出。实践证明，解决旅游业环境问题仅靠法律、行政、经济和技术方面的措施是不够的，在当今环境意识日益强烈的世界，旅游业也肩负着艰难的任务以确保其可持续发展及长期的资源利用活力。环境审计，不管是政府立法机构要求，还是旅游业自愿实施，在环境管理，特别是对其环境绩效评估及改进方面，都能起到很重要的作用。它给旅游业提供了一种有效的环境绩效自我监控的手段。

1.2 旅游环境审计的必要性

1.2.1 有利于提高旅游企业的环境绩效

旅游企业环境管理系统包括环境政策、环境管理计划、环境管理机构和企业内部环境审计系统，这个开放性的系统有利于企业环境绩效的改进与提高。而实施旅游环境审计能够激发员工的环保意识，节约成本并减少浪费，也可促使企业管理层实施合理的环保奖罚制度，控制资源和能源的有效利用。这对旅游企业是有益的，也是企业履行社会环境责任的一个重要措施。因此，实施旅游环境审计无疑是提高旅游企业环境绩效的一个必不可少的环节。

1.2.2 有利于完善旅游景区的环境管理

旅游景区的环境管理，是指综合运用法律、经济、行政、规划、科技、教育等手段，对一切可能损害旅游景区环境的行为和活动施加影响，协调景区发展同环境保护之间的关系，从而使景区旅游发展在满足游客需求的同时，保护旅游资源，防止环境污染和破坏，实现经济效益、社会效益和环境效益的有机统一。目前，我国景区管理者的环境保护意识淡薄，环境资源的保护设施缺乏，环境管理的法规和体制不健全，以及旅游者和当地居民对环境的随意破坏，都严重威胁了旅游景区的环境管理。所以，应加快实施旅游环境审计，监测环境保护制度的执行情况，评价环境管理体制的健全性和实施效率，明确景区环境管理各相关方的责任，以便更好地完善旅游景区的环境管理。

1.2.3 有利于促进旅游循环经济模式的构建

旅游业是发展循环经济的最佳载体，旅游循环经济模式是涵盖旅游业的开发活动、旅游活动六大要素以及旅游景区的工业、农业等各类社会活动，并应用各种新型技术为支持，以法律法规做保障，实现再思考、减量化、再利用、资源化和再修复五原则的一种旅游发展模式。通过实施旅游循环经济模式，指导旅游区的可持续发展，进而实现经济、社会、环境的三赢。而旅游循环经济系统是由旅游企业、旅游者、旅游环境和当地社区构成的，其中存在许多矛盾。为了降低这些矛盾的影响，就要对旅游区和旅游企业的环境绩效进行有效的监督、评估和管理。而旅游环境审计作为旅游循环经济监督、评估的有效手段和旅游环境管理的工具，可指导旅游循环经济的实践，促进旅游循环经济模式的良好运行。①

---

① 谢芳，张艳玲．环境审计：旅游循环经济的管理工具［J］．环境保护，2009（12）：69－71.

1.2.4 有利于促进旅游业的可持续发展

随着经济全球化的强劲趋势，旅游业已经从一个普通的服务行业发展成为全球经济中发展势头最强劲和规模最大的产业之一。我国也已把旅游业培育成国民经济战略性支柱产业，在“绿水青山就是金山银山”的发展理念下，实施环境审计有利于旅游资源的合理配置，增强整个社会的发展潜力，促使旅游企业注重环境保护、加大环保投入，促进经济发展与环境保护的双赢，实现旅游业的可持续发展。

1.2.5 有利于促进绿色消费和生态文明建设

加强和完善环境审计是促进生态文明建设，保障我国经济社会可持续发展的重要举措之一。建立环境质量控制制度，实行环境影响评价制度，严守资源环境生态红线，建立数据库并实行年度评估，对生态文明建设有重要意义。同时，对消费者的生态行为审计和旅游景区的教育审计能进一步促进绿色消费和生态文明建设。

1.3 旅游环境审计存在的问题

我国的旅游环境审计起步较晚，目前仍处于探索阶段，与当今国际旅游环境审计的理论和实践差距较大。同时由于旅游业的综合性和复杂性，我国旅游环境审计的实施存在一些问题，主要有以下几个方面：

1.3.1 现有立法不完善

目前我国虽已颁布了多部与环保相关的法律法规，但其中缺乏实施环境审计的具体步骤和规范标准，而至今也没有一部专门为旅游环境审计提供直接依据的法律。旅游环境审计中的一个重要内容就是确定审计对象的行为是否符合相关的法律法规，旅游私营企业实施旅游环境审计大多是自我调节的行为，而这种行为必须有相关法律法规的支持，所以现有立法的不完善严重阻碍了旅游环境审计的实施。同时，旅游业相关企业缺乏环保意识，过分追求经济效益而忽视环境保护。相关执法部门对企业的监督和管理工作不到位，执法不力，造成旅游资源的破坏，国家资金的浪费，严重阻碍了旅游业的可持续发展。

1.3.2 现有理论研究缺乏深度

旅游环境审计的理论基础是构建其理论框架的关键，用于支撑旅游环境审计的实施。我国学者主要对旅游可持续发展理论、旅游循环经济理论、生态旅游理论和低碳旅游发展理论进行了探讨。然而，以上理论之间并非是不相容的关系，旅游循环经济、生态旅游和低碳旅游在某种程度上的最终目标都是实现旅游业的可持续发展。同时，现有研究也并未结合经济的外部性理论、受托责任理论等环境审计的理论基础。因此，旅游环境审计最根本的理论基础仍需进一步探讨。

对于旅游环境审计的概念，有些学者从不同角度进行了界定，不仅没有偏离环境审计的本质，而且结合了旅游业的自身特点。然而，旅游环境审计与环境影响评价、ISO 环境审核及环境管理等相似范畴的关系仍需进一步厘清。在研究方法上，我国现有研究大多为规范研究，实证研究和案例研究相对缺乏。

1.3.3 审计主体单一，范围狭窄

我国旅游环境审计的主体主要以公共审计部门为主，包括基于公共利益和政府监管角度的审计机关，以及基于部门利益和行业监管角度的旅游行政管理当局的审计部门。① 然而，旅游业的环境管理和可持续发展关键在于旅游企业本身，所以旅游企业内部审计部门应承担起环境审计的主要工作，同时社会审计组织也应参与其中。

我国的审计范围只是审计旅游企业对环保法律法规的遵守、环境管理体系的实施、环保资金的使用等，缺乏对相关旅游活动和企业经济活动的环境审计。而国外旅游环境审计的内容已涉及产品审计、问题审计、整体审计、环境状况审

① 杨肃昌，王春辉，孙岩．生态旅游中的环境审计［J］．会计之友，2012（6）：103－105.

计、伙伴或供应商审计和旅游者审计。① 因此，我国现有的旅游环境审计内容不够全面。

1.4 旅游环境审计进一步的研究方向

1.4.1 构建我国旅游环境审计的理论框架

我国理论研究的范围偏窄、深度尚浅，并没有构建出一套完整的理论框架。旅游业是一个范围广泛、业务综合、经营复杂、政策性强的行业，这就要求旅游环境审计的理论研究应结合旅游业的特点和实际情况，对旅游环境审计的政策选择、成本与效益分析、立法与准则等方面进行研究，拓宽理论研究范围，加强理论研究深度，为我国旅游环境审计体系的建立提供理论支持。

1.4.2 拓宽我国旅游环境审计的研究领域

旅游业本身具有综合性，对其进行的环境审计内容亦应比较宽泛。国外旅游环境审计已延伸到与旅游业相关的建筑美学审计、地方政府环境保护绩效审计、知识资本审计、利益相关方审计、旅游风险审计等方面，并有培训机构的技术支持。这些方面在我国旅游环境审计研究中都是欠缺的。

1.4.3 加强我国旅游环境审计的实证研究

我国现有研究多为规范分析，缺少对审计实施现状和具体案例的分析。因此，应当结合我国旅游业的实际情况，运用问卷调查、案例分析、实地研究等多种方法，从不同角度对旅游环境审计的实务问题展开研究。如 Inge Lindblom（2012）通过对挪威 20 年的文化遗产环境审计效果的回顾，探讨了环境审计实施

① 谢芳，张艳玲．环境审计：旅游循环经济的管理工具［J］．环境保护，2009（12）：69－71.

的质量与文化遗产发展的关联和环境审计实施的转移价值。① 此研究对我国旅游环境审计实施质量的总结和进一步研究有很好的借鉴作用。

1.4.4 扩大旅游环境审计研究对象的尺度

旅游资源群是旅游资源在特定地理空间的重要存在形式，旅游资源群虽然是由旅游资源个体组成的，但表现出旅游资源个体所不具备的结构、功能和特征。所以对旅游资源群进行协同审计至关重要。国外 Rafael Sardá 等（2005）研究了地中海周围 18 个国家建立的环境绩效协同审计的框架，该框架提高了各个旅游东道国和利益相关者的环境责任意识，整合旅游资源群中的自然资源、政策及旅游活动，并在协同审计的基础上强化了旅游设施利用与环境承载力和本地化政策之间的一致性，保障了旅游资源群的可持续发展。② “地中海现象”帮助我们认识到旅游资源群的协同管理与审计有利于改善区域旅游环境质量，提高旅游资源群中各个国家或地区的管理效益、战略优势和社区环境敏感性。尤其是在我国区域旅游和全域旅游的大背景下，扩大旅游环境审计研究对象的范围是势在必行的。

1.5 研究的内容与架构

旅游作为现代人娱乐休闲生活中不可或缺的一部分，已经占据了越来越大的比重。旅游活动是由“吃、住、行、游、购、娱”基本六要素组成，在旅游环境审计中，对于游客的环境审计也至关重要，还有对旅游产品、旅游教育、历史建筑、旅游资源知识和区域旅游的环境审计。图 1－3 展示了实施旅游环境审计的必要性以及环境审计的架构。

---

① Inge Lindblom，Quality of Cultural Heritage in EIA：Twenty years of experience in Norway［J］. Environmental Impact Assessment Review，2012（34）：51－57.

② Rafael Sardá，Joan Mora，Conxita Avila. Tourism development in the Costa Brava（Girona，Spain）－how integrated coastal zone management may rejuvenate its lifecycle［A］. J. E. Vermaat et al. Managing European Coasts：Past，Present，and Future［C］. Springer－Verlag Berlin Heidelberg，2005.

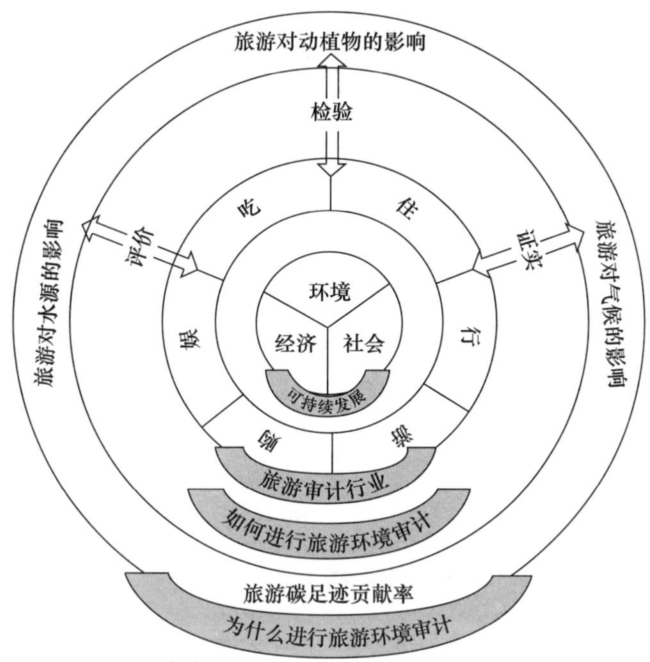

图1-3 实施旅游环境审计的必要性及其架构

1.5.1 旅游环境审计概述

旅游业环境审计的主要目的是确认和证明旅游业的环境依从水平，提供一个有效的旅游业环境绩效评估的手段。第2章梳理了旅游环境审计的概念、审计主体和审计对象；归纳了审计的具体内容；简述了旅游环境审计的实施步骤。

1.5.2 通用的环境审计工具

随着利益相关方对企业环境及社会责任的关注，环境绩效评价标准的内容也在不断地扩展，从最初的单一环境绩效评价到生态效益再到包括社会责任层面的可持续性评价。第3章归纳了环境审计常用的环境绩效评价方法即环境审计工具，从一些国际的标准到企业自主自愿的自我审计工具。旅游行业可以根据不同的审计目标选择适当的审计工具。

1.5.3 旅游餐饮业环境审计

餐饮业是旅游业中重要的组成部分，为了提高饭店能源使用效率，减少环境污染，提升绿色环保形象，保证旅游者旅游过程中的饮食安全，对饭店进行环境审计是非常必要的。第 4 章通过对旅游餐饮业环境问题的分析，提出了旅游餐饮业环境审计的必要性，构建了旅游餐饮业利益相关者审计框架和绿色资源审计框架，探讨了旅游餐饮业环境审计内容。

1.5.4 旅游住宿业环境审计

2015 年第 21 届联合国气候大会使低碳与减排成为世界环境的重要议题之一。第 5 章论述了旅游住宿业环境审计主要关注的是当前节能减排的现状，论述了酒店能源审计的必要性；探讨了生命周期评价在酒店环境管理中的应用，以生命周期评价技术框架为依据，对酒店的能源审计内容进行了探究。提出确保能源审计实施的生命周期环境管理措施。同时提供了假日酒店应用绿色环球 21 测评其环境绩效的案例分析。

1.5.5 旅游交通环境审计

交通作为旅游活动中时间和费用消耗最大的项目，是消费者选择旅游目的地时最重要的影响因素，交通的便利与否直接影响旅游者对旅游目的地的选择和旅游日程的安排。旅游交通促进了旅游业的发展，但也给环境带来了不利影响。随着旅游交通环境问题的日益凸显以及可持续发展的要求，对旅游交通环境影响评价的要求变得越来越突出。旅游交通环境审计是一个复杂的综合体，是社会环境影响、生态环境影响、声环境的影响、大气环境影响等的综合分析与评价，涉及多个学科与技术的交叉应用。第 6 章主要对旅游交通的主要形式公路、轨道交通、水运及航空的环境审计做逐一的论述。

1.5.6 世界遗产地旅游教育审计

世界遗产地旅游教育审计对开展旅游教育，提高旅游者素质和景区宣传营销有重要的作用，有利于世界遗产地的“普遍价值”（OUV）的保护，也是可持续旅游（Sustainable Tourism）和负责任旅游（Responsible Tourism）的客观需求。第7章主要对我国旅游教育审计的现状及存在的问题进行了分析，并构建了旅游教育审计体系。

1.5.7 旅游购买环境审计

生态导向型消费需要政府采取一些措施来鼓励或强迫消费者在产品消费中符合环保要求。购买审计便是对消费者市场施加影响的手段之一，是内部审计的重要组成部分，它包括评估所有与购买商品和服务相关的组织政策和行为对环境的影响。第8章主要内容包括绿色购买审计的起源、购买审计的作用、对旅游企业提供的旅游服务产品的审计、对旅游者的绿色购买行为审计、对导游的导购职业道德审计、推进绿色购买审计的保证措施等。

1.5.8 旅游产品环境审计

近年来，我国旅游业快速发展，在其带来巨大经济效益的同时，也对生态环境造成了一定影响。而旅游产品作为旅游业的核心要素，对其进行环境审计至关重要。旅游产品环境审计主要运用生命周期评价方法对旅游产品进行环境审计，并提出旅游产品环境审计的策略。第9章探讨了基于产品生命周期方法的邮轮旅游产品审计和基于绿色环球21标准方法的景区产品环境审计。

1.5.9 旅游环境审计对游客负面环境行为的治理路径与约束机制

游客负面环境行为不利于旅游行业的可持续发展。旅游环境审计能够对游客负面环境行为起到显著的约束作用。第10章根据环境审计对游客环境行为的作用方式，将其划分为直接型审计、间接型审计和调节型审计，就三种审计对游客负面环境行为的治理路径进行具体分析，并结合计划行为理论道德扩展模型阐释旅游环境审计对游客负面环境行为的约束机制。

1.5.10 历史建筑遗产修缮美学审计

历史建筑是具有美学价值的旅游产品，但历史建筑会随着时间产生瑕疵甚至衰败，因此，对历史建筑定期进行修缮是非常必要的。然而，在修缮过程中，屡屡发生诸如破坏建筑结构、滥用建筑材料等导致历史建筑的文化价值丧失、原真性丧失的保护性破坏行为。第 11 章综合运用建筑学、美学以及建筑修缮的相关知识，探讨了修缮过程中进行建筑美学审计的必要性，构建了美学审计的简要框架，并探讨了“丽江模式”对我国建筑遗产修缮审计的借鉴作用。

1.5.11 旅游资源的知识审计

非物质文化遗产在旅游开发生产性保护过程中存在过度商品化和产业化，而忽视对其知识属性的考察，同时也存在过度保守化，忽视对其所蕴含知识潜力挖掘的问题。第 12 章在知识审计视域下建构了非遗知识审计模型，从知识拥有量、生存环境、历史沿革及市场需求等层面对贵州省黔东南地区丹寨县古法造纸技艺开展知识审计。审计结果表明保护中缺少技术设备支持、资料记录；其兴衰取决于国家政治环境、市场需求大小、现代科技的影响；产品创新可以提升其经济价值；生产性保护基地和研习所的设立行之有效等。并得出提升生产性保护效能应做好四个方面：完善资料记录、加强物质保障、提升经济价值、扩大需求信息供给。为此，知识审计也将成为提升非遗旅游资源保护效能的有效工具。

1.5.12 生态文明建设视域下的区域旅游环境审计

区域旅游发展迅猛，为了避免在促进区域经济发展的同时所引致的消极环境影响，推进我国区域生态文明建设的进程，环境审计的监督保障作用应该得到充分发挥。第 13 章阐明了环境审计在区域旅游生态文明建设运行体系中的关键地位，它通过对旅游经济系统实施动态的预警、反馈与行政问责促进区域旅游生态文明体系的良性运行，是保证区域旅游生态文明建设目标实现的核心环节和最后关卡；阐述了环境审计对区域旅游生态文明建设的促进作用以及旅游环境审计与旅游生态文明建设的耦合互馈关系，这种耦合关系能够以螺旋上升的方式促进各要素协调互动，以达到生态文明所倡导的区域旅游经济系统内部生态和谐的有序状态；并就区域旅游环境审计的目标把握、特性差异考察、资源整合、协作联动以及项目中后期评估提出了具体的实施策略。

第2章　旅游环境审计概述

2.1　旅游环境审计的概念

我国学者丁培毅（1996）和明庆忠等（1998）直接借鉴国外环境审计的概念，认为旅游环境审计是一个监测企业或组织的运行过程以确定其是否依从已制定的环境规章制度、标准和政策，并将其应用于旅游业可持续发展的研究中。[①②]

也有一些学者探讨了旅游环境审计的定义，如黎国强等（2011）认为旅游环境审计是“对一个特定的旅游主体（组织）、设施、建筑物、运行过程及其产品的环境业绩进行系统的、经常性的和客观的评估的管理工具”。[③] 杨肃昌等（2012）认为应用于生态旅游中的环境审计，是由特定的审计主体依据一定的生态保护法律法规、政策和环境评价标准以及审计准则，独立地监测和评价生态旅游对环境的影响及其影响程度，以确定其是否实现并促使其实现生态旅游目标的一种审计活动。[④] 学者们虽从不同角度对旅游环境审计加以定义，但并没有偏离环境审计的本质。

---

① 丁培毅．环境审计：旅游业持续发展中的新概念［J］．干旱区地理，1996，19（2）：78－82.

② 明庆忠，管宁生．云南旅游业可持续发展障碍及对策［J］．热带地理，1998（4）：350－355.

③ 黎国强，覃琨，张君侠．大瑶山自然保护区旅游资源综合开发研究［J］．山东林业科技，2011（2）：113－117.

④ 杨肃昌，王春辉，孙岩．生态旅游中的环境审计［J］．会计之友，2012（6）：103－105.

2.2 旅游环境审计的主体

旅游环境审计的主体可以是公共部门审计组织，包括基于公共利益和政府监管角度的审计机关，以及基于部门利益和行业监管角度的旅游行政管理当局的审计部门。然而，从根本上讲，生态旅游（旅游生态化）有序发展与有效管理的关键还在于旅游企业自身，所以企业内部审计组织应承担环境审计的主要工作。

2.3 旅游环境审计的对象

旅游环境审计对象的范围比较广泛，涉及旅游过程中与旅游业有关的所有主体：包括旅游者、旅游开发商、旅游经营者、管理者、旅游社区居民以及从事各种旅游服务业的不同群体。① 还涉及旅游业的一些活动，如旅游开发项目等。②③

2.4 旅游环境审计的内容

关于旅游环境审计的内容，杨肃昌（2012）认为旅游企业内部的环境审计工作主要偏重于审查与生态旅游有关的活动和行为，而不是资金和项目。如何测试和引导企业员工、旅游者、导游、供应商、当地群众对生态保护的认识和行为是生态旅游中环境审计的重要内容。④ 谢芳等（2009）认为旅游环境审计的内容包括一致性审计、就地审计、产品审计、问题审计、整体审计、环境状况审计、伙

---

① 牛莉芹，程占红．旅游生态学内容体系的构建［J］．安徽农业科学，2008（1）：260－261.

② 崔凤军．风景旅游区的保护与管理［M］．北京：中国旅游出版社，2001（9）．

③ 赵娇．区域旅游可持续发展中的生态平衡［J］．河南商业高等专科学校学报，2007（1）：25－28.

④ 杨肃昌．对构建国家审计理论体系的思考［J］．审计与经济研究，2012（2）：11－19.

伴或供应商审计和旅游者审计。[①] 对旅游环境审计对象和内容的不同观点，实际上反映了学者们对旅游环境审计概念的不同解读。有些人把内容理解为类别内容，有些人认为是审计的事项范围或是所包括的几个维度。

虽然环境审计的目标和对象有所不同，但环境审计在基本内容上是一致的，都应包括以下几个方面的内容：法规符合性；与组织政策、行业准则的一致性；日常环境管理的评价；行动计划和改正行动的后续程序。

2.4.1　对法规体系和环保政策的审计

中央国家审计机关实施环境审计，应注重对国家的环境法规体系的完善、有效性及环保政策的科学、合理性作出独立评价。地方审计机关和其他审计主体实施环境审计，要对各级政府环境规划和政策、企业的环境政策、环保制度、计划是否充分、有效及遵循等情况作出评价或提出建议；评估拟议中的环境政策的影响，使新的环境政策或修改后的环境政策更具规范性、科学性和可操作性。

2.4.2　对环境管理体系的审计

环境管理体系是整个管理体系的有机组成部分，是对经济建设部门所产生的环境、生态问题进行监控和管理的综合措施。对环境管理体系的审计主要分为三个层次：首先，检查其是否建立；其次，检查其是否健全和完善；最后，检查其是否得到有效遵循，并对环境管理机构设置情况和工作效率、遵守环境制度和整治环境效果、生产经营现状可能带来的环境风险作出审计评价。

2.4.3　对履行环境责任的审计

遵循环境法律法规，履行环境责任是每一个被审计单位义不容辞的义务和责任，国家审计机关有权对被审计单位遵守国家环保法律、法规、制度的情况、单位环境管理责任及工作绩效进行审计和评价，特别是对被审计单位的环境保护项目计划的管理和实施活动的真实性、合法性、效益性进行审查、鉴定；一些地方、部门、单位或个人有法不依、有章不循或执法不严、违法不纠、敷衍塞责，

① 谢芳，张艳玲．环境审计：旅游循环经济的管理工具［J］．环境保护，2009（12）：69－71.

反映了缺乏第三者独立监督的严重后果。因此，应从环保责任制出发实施环境审计。

2.4.4 对环境负债的审计

“环境负债”是指某项生产或交易行为给生态环境造成的潜在的、破坏性的后果。从狭义角度来看，环境负债植根于企业和有关部门的微观经济活动中，微观经济活动往往是环境负债的载体，并应承担起环境治理的责任。因此必须对生产和交易这些微观经济活动的环境风险做科学的评估与审计，并作为计算生产或交易成本的依据。从广义角度来看，环境负债贯穿于人类社会的发展进程，它对人类社会的可持续发展提出了更高的要求，促使人类以历史的眼光关注社会发展的“成本—效益”问题，最终作出功在当代、利在千秋的明智抉择。①

2.5 旅游环境审计的实施步骤

丁培毅等（2000）对旅游环境审计步骤进行了简要描述，包括准备、确定审计目标、范围和重点，了解管理系统，确认有关的法规、政策和标准，调查和评价，确认关键的环境指标，确认关键的环境影响领域，收集和评估证据，确定环境依从水平，复审结果，列出行动大纲，准备审计报告。②

虽然环境审计的目标有所不同，但环境审计在基本内容上是一致的，都应包括以下四个方面的内容：法规符合性；与组织政策、行业准则的一致性；日常环境管理的评价；行动计划和改正行动的后续程序。

由于环境审计程序在设计时要考虑特定组织情况下的需要、能力和约束条件，环境审计程序可繁可简，但都应包括以下几个方面：

① 许全军．环境审计目标及内容探讨［J］．焦作大学学报，2008（2）：65－67.

② 丁培毅，乔磊，Steve Craig－Smith．介绍一种对旅游业环境业绩进行评估的新方法［J］．旅游学刊，2000（6）：68－71.

2.5.1 确定审计目标和范围

环境审计目标在很大程度上是由高层管理部门的政策和需要决定的，一般会受到组织经费预算的限制。关注目标不同形成了不同类型的环境审计：旅游餐饮业环境审计、旅游住宿业环境审计、旅游交通环境审计、旅游环境审计对旅游者的负面环境行为的约束机制、旅游购买环境审计、旅游产品环境审计、旅游教育审计、历史建筑遗产修缮美学审计、旅游资源的知识审计、生态文明建设视域下区域旅游环境审计。

2.5.2 组建审计队伍

环境审计的质量取决于审计队伍的质量。组建审计队伍时应考虑队伍成员的素质和经验、队伍规模、被审计对象的性质和审计的范围。审计队伍应当具有独立的、客观的和无偏见的性质。队伍成员应当有专业审计技巧和环境管理系统的知识，应当熟悉被审计的旅游企业所提供的旅游产品和其设备的运营与旅游供应链的关系以及相关的法规要求。

2.5.3 初审

由于审计人员没有早期审计和行动计划可借鉴，在进行第一次环境审计时很难确定最恰当的审计步骤，也很难从分散和不完整的档案记录中获得系统的历史资料。首先，在初审期间会鉴定出很多的成本节约机会，与后续审计相比第一次审计更具有成本效率。其次，初审的行动计划提供了必须完成的目标和评价的标准，成为后续审计评价未来发展的基准线。

2.5.4 通知企业管理部门

实施环境审计之前应当通知组织的管理部门，并向组织的职员保证，环境审计的目标不是寻找个人的过失而是为了提高环境管理绩效，同时简要解释环境审计的目标和范围；审计后的草案和事前审计期间的资料调查表都应当和组织进行交流沟通，这有利于减少实施环境审计过程中的组织障碍。

2.5.5 审查资料

当审计通知组织的管理部门后，就应当着手审查管理、流程和相关的法规及现场参观应准备的相关资料。资料审查为审计人员的现场调查做了充分的准备，提高了现场调查的效率。要保证环境审计程序的有效性，必须制定相应的衡量标准，这些标准必须包括政策法规、组织及行业的规则，也可包括最佳管理实践的指南和准则。具体涉及哪些政策法规，主要取决于审计的目标和范围以及被审组织所在地法律的完善性。

2.5.6 检查设备及审查记录

对旅游接待业的设备记录进行详细的审查、现场调查以及与管理人员和操作人员会晤，有助于使审计队伍更加理解企业经营、设备运行和环境管理，从而更准确地判断出其中的环境影响要素。环境审计的类型决定了记录审查和现场调查的性质和范围。管理审计主要注重于已经准备好的可利用的资料，并在办公室进行审查。旅游经营、合规性、产品安全、环境影响等审计则更注重大范围的现场调查。

2.5.7 会晤管理人员和操作人员

与管理人员和操作人员的会晤有助于审计人员评价被审组织职员对环境审计的认识，评价被审组织管理系统的效率，衡量企业的沟通体系、教育及培训程序的有效性，发现与会人员可能意识到的问题或事故并可对从其他来源获得的资料进行证实。

2.5.8 鉴定证据核实问题

环境审计通过询问、观察以及核实等审计程序来收集和确定证据，以便能充分论证审计的意见和结果。要进行证据鉴定，审计并不是证据越多越好，应以能说明问题为限。审计人员通过各种途径收集的审计证据，尽管具有证明力，但其证明力是潜在的，还不能直接用来证明审计项目，必须对证据的相关性、重要性、真实性进行鉴定。同时，对经过鉴定的证据还必须加以综合，也就是说对相关证据从总体上加以归纳、分析、整理，使其条理化。通过综合，选出最适宜、充分、有说服力的证据，以此作为编写审计报告、发表审计意见、作出审计结论的重要依据。

2.5.9　撰写审计报告和行动计划

环境审计报告的撰写具有特殊的要求。内容方面，审计报告应当提供有关组织的法规符合性、与行业政策和准则一致性、常规环境管理等相关资料的完备性，并注明其中的有效和无效之处。在报告不具有符合性或一致性时，还应当说明涉及的具体法规和政策。制订具有预防性的行动计划，行动计划有助于在事前分配资源和职员，因此所有环境审计报告中都应当包括详细的行动计划，初审更是如此。一旦审计报告草案得到审查通过，就可提交最终审计报告和行动计划。

2.5.10　后续审计

后续审计是指审计机构或审计组织为检查被审计单位对审计结论（包括审计意见和建议等）所采取的纠正措施及其效果而开展的审计。后续审计的主要任务包括：检查了解并核实被审计单位对审计结论所明确需要整改的事项的落实情况；检查了解审计组织在审计结论中所提出建议的实现程度，被审计单位是否采取积极行动推动其实现。后续审计有利于督促被审计单位整改落实审计结论；有利于进一步完善审计反馈机制；有利于发挥其绩效监督的作用。

第 3 章　旅游环境审计工具

随着利益相关方对企业环境及社会责任的关注，环境绩效评价标准的内容也在不断地扩展，从最初的单一环境绩效评价到生态效益再到包括社会责任层面的可持续性评价。旅游行业可以根据不同的审计目标选择适当的国际标准或企业自主自愿的自我审计工具作为环境绩效评价方法。

所谓“环境绩效评价”就是利用适当的指标，将组织（企业、公司、工厂等）环保的绩效，转化为简单易懂信息的过程。这是组织内部从收集、测量、分析、评估、报告，兼顾对内与对外，展现对环境管理所做努力程度的一项必要程序。环境审计要依据环境绩效评价作为有效工具。

3.1　GRI 2000 全球环境报告指南

GRI 2000 全球环境报告指南是由 GRI（Global Reporting Initiative）发布的。GRI 建立于 1997 年，由 CERES（公共团体和私人团体的一个联合会）召集，其中包含了联合国环境署、世界各地公司、环境主义者、咨询人员、利益相关方和会计工作组织的努力，其使命是为可持续性报告的编制设计标准并且提供全球适用的指导准则。而且旨在适用于任何规模和类型的企业。这些指导准则侧重于经济、社会和环境这“三重底线”，建立在联合国环境署确定的环境报告的 50 个核心要素基础之上。包括一些关键指标的推荐，以评价社会绩效和经济绩效确认一些能提高环境绩效报告的可信度和效用的定性特征。

全球报告指南的评估方法尝试根据企业外部制定的标准自愿报告数据来解决行业内数据的兼容性问题，但其标准仍然是根据物理环境标准指标制定的。

3.2　ISO14031 环境绩效评价方法

3.2.1　ISO14031 环境绩效评估系统的内容

ISO14031 环境评估标准是一份指导纲要，而非验证标准或绝对的环境绩效准则。其内容是对组织的环境绩效进行量测与评估的一种系统化程序。而环境绩效评估（Environmental Performance Evaluation，EPE）系统在 ISO14031 中被定义为审查组织环境方面的工具，以决定是否达到目标。从 EPE 过程中获得的信息，使管理层能决定必要的行动，以达到环境政策、目标及指标，并且适当地与利益相关者沟通。它也可用来确认组织的潜在风险、机会及造成环境绩效不佳的主要原因。

在 ISO14031 标准所详述的 EPE，依据“规划—执行—检查—改善”（Plan - Do - Check - Act）的管理模式，这项持续执行的步骤如下所述：

3.2.1.1　规划

规划环境绩效评估过程。

选择指标（包括选用现有指标及发展新的指标）。

3.2.1.2　执行

使用数据及信息，包括收集与选定指标相关的数据；分析并把数据转化为描述组织环境绩效的信息；评估描述组织环境绩效的信息，并与组织环境绩效准则比较；报告并传播组织环境绩效的信息。

3.2.1.3　检查

就是要总结执行规划的结果，明确效果，找出问题。按照计划进行检查，看是否实现了预期效果，有没有达到预期的目标；通过检查找出问题和原因。

3.2.1.4　改善

行动（或处理）即对环境绩效总结检查的结果进行处理，成功的经验加以肯定，并予以标准化，形成制度或制定环境管理的作业指导书，便于以后工作时遵循；对于环境绩效中的漏洞及教训也要总结，以免重现。对于没有解决的问题，应提给下一个 PDCA 循环中去解决加以改善。

3.2.2 环境绩效指标

依据ISO14031标准的指导纲要，环境绩效评估指标（EPIs）可分为内部的环境绩效指标和组织外围的环境状况指标（Environmental Condition Indicators，ECIs）。组织内部的EPIs又可再细分为管理绩效指标（Management Performance Indicators，MPIs）以及操作绩效指标（Operational Performance Indicators，OPIs），说明如下：

3.2.2.1 管理绩效指标（MPIs）

可反映管理层对于改善组织在经营环境绩效所作的努力且有助于评估管理效能、改善环境绩效的决策与行动的效果。管理绩效的指标又和下列的项目相关：

管理绩效指标和组织各阶层的政策、人员、法规化的行动、措施、程序、决定和行动有关。

管理绩效指标应能提供并提升组织在“管理业务”方面的能力和努力，例如，培训、法令的遵守、资源使用、环境成本管理、采购、产品开发、文件化及能够影响组织环境绩效的矫正措施。

3.2.2.2 操作绩效指标（OPIs）

反映组织在操作上的环境绩效。操作绩效指标和下列的项目相关：

- 组织在运作时所输入的原料、能源和服务；
- 组织的硬件设施和设备的设计、安装、操作和维护作业；
- 组织运作所导致的产出，例如，产品（包括它们的设计研发和储存）、服务、废弃物（包括它们的形态和储存）、排放物；
- 组织运作所产出的运输。

3.2.2.3 环境状况指标（ECIs）

可以提供组织外围的环境状况。这项信息可以帮助组织了解在其环境方面实际的影响和潜在的影响。因此有助于环境绩效的规划与实施。ECIs的制定与应用通常是地方、区域、国家或国际性政府机构、非政府组织和科学及研究团体的功能，而非一个单独组织的功能。

ISO14031中建议：组织所选择的环境绩效评估指标所呈现的定性或定量的数据和信息，应以简明易懂为原则，并应筛选出足够且相关的指标来评估其环境绩效。筛选出的环境绩效评估指标其数目应能反映出组织作业（运营）的特性和范围；而且为了增进效率，组织可使用现有的数据也可使用其他组织所收集的数据。由该指标所传达的信息可为直接测量所得，相对的或经标准化转化的数据。而环境绩效的指标依其信息的本质及适当的用途可加以加总或加权，加总或加权应该小心处理以保证其可验证性、一致性、可比较性和易懂性。表 3－1 是依据 ISO14031 环境绩效评估指标架构及原则建构的范例。

表 3－1　环境绩效评估指标范例

环境绩效评估指标		
环境绩效指标		环境状态指标，ECIs
管理绩效指标，MPIs	操作绩效指标，OPIs	
物料 —物料使用量/单位产品 —物料回收比率/单位产品 —低污染物料替代量/单位产品 —物料使用种类/单位产品 —包装材料废弃量/单位产品 —包装材料再利用量/单位产品 能源 —能源使用量/单位产品 —不可再生能源使用量/单位产品 —可再生能源使用量/单位产品 —土地面积使用量/单位产品 产品 —不含毒产品比例 —可回收产品比例 —副产品比例 —副产品回收比例 —不合格率 固体废弃物 —固体废弃物年产量/单位产品 —最终处置固体废弃物量 —毒性成分量/单位固体废弃物 空气污染物 —空气污染物排放量/单位产品 水污染物 —废水排放量/单位产品 —废水水温 —废水排放量 其他 —噪声量 —辐射值 —臭味	符合性 —罚单数、罚款金额 —设定目标的完成率 系统实施 —产品环保化设计件数 —员工提案数 —环境培训人次或人时 —紧急应变演练数 —内审频次 财务绩效 —环境改善计划的投资或量 获利金额 —研发环境改善技术经费 —废弃物回收节省的经费 —环境培训经费 —绿色产品的获利 社区关系 —社区抱怨数 —辅助社区环保活动经费 —污染场址清除或恢复经费 —发生公害次数 其他 —环境标志取得件数	当地性 —土地开发面积 —土中重金属含量 —职业病发生人数 —毒性物质生物累积量 区域性 —水体中 N/P 比值 —水体中鱼类总数/种类 全球性 —矿业（煤、石油）开采量 —基因突变病例数 —皮肤癌患病率

3.3 欧盟的 PMIF 环境绩效评价方法

中国—欧盟环境管理合作计划（EMCP）“工业发展项目”的“绩效评估、改进与融资”（PMIF）是一种全新的管理工具，这项工具将环境管理有机地与企业商业核心过程相融合，用于评估企业经济、环境绩效（Performance Measurement），发现存在的问题，分析问题产生的原因，并从经济、环境等方面提出整体解决方案，以促进企业持续改善（Improvement），为企业融资提供支持（Financing）。

3.3.1 PMIF 的基本原理

如何通过适当的测量环境和流程绩效来表明实际情况；如何从环境和流程的改进给公司带来利益——这种改进的效益可以通过绩效数据和相关的信息来说明。PMIF 包括一系列的测量绩效的工具和技巧。PMIF 考虑的是如何将环境绩效数据转变为商业信息以及如何将该信息用于推动工业企业中的绩效改进。它还能为工业企业提供指导，引导他们如何将商业计划与安全以及进行技术改进相整合，最终由绩效测量来表现出来。因此，PMIF 旨在将环境管理结合到核心商业流程中。PMIF 的两个基本目标是获得制造工厂的经济效益同时改善环境绩效。通过鼓励采用系统的管理导向的方法，工厂可以持续的降低成本、减少排放，不断地为可持续性商业发展发挥作用。PMIF 方法将会提供一系列的效益：

- 在短期内，工厂可以通过实施无成本或低成本机会来实现成本节约；
- 在短期内，管理层对流程绩效的关注也会有助于产生改善的工作条件，包括安全条件；
- 在中长期，可能会获得全面生产运营效率和相关环境绩效稳定改善以及在改善的环境中员工会不断地参与进来。

PMIF 强调对数据的收集和生成相关的信息，因此，采用的具体方法是借助统计中的 CUSUM 技术。

3.3.2 跟踪绩效的 CUSUM 技术

每月能源消耗和相应月产量图表通常能够让管理人员看到哪些月份的能源效率最高。并且，通过简单的定量分析程序，就能够对工厂的能源效率进行逐月评估，还能够对通过提高绩效而取得的排放降低和成本节约（或者相反，由于绩效不善而导致利润损失）进行判定。例如，可使用 CUSUM 技术检查新设备的性能状况。

这种定量评估节约或损失的方法我们用“差额累计总和”来计算即 CUSUM 技术“the cumulative sum of differences”。这种方法按以下方式操作：

3.3.2.1 绘制通常的、一定时期的 E—P 图（能源—生产图）

对于大多数正常的工厂来说，能源—生产图就会近似于一条直线。为便于分析，我们假定能源消耗包括两部分：

* 与生产直接相关的能源（mP）
* 与生产并不直接相关的能源（e）

工厂的实际能源消耗是这两部分的总和，很明显可以建立一个如下的基本直线方程式形式：

$$E = mP + e$$

其中，E 代表每个月的能源消耗量，P 代表相应月份的产量，m 代表直线的斜率，e 代表 y 轴的截距。这可以通过图 3－1 来说明。

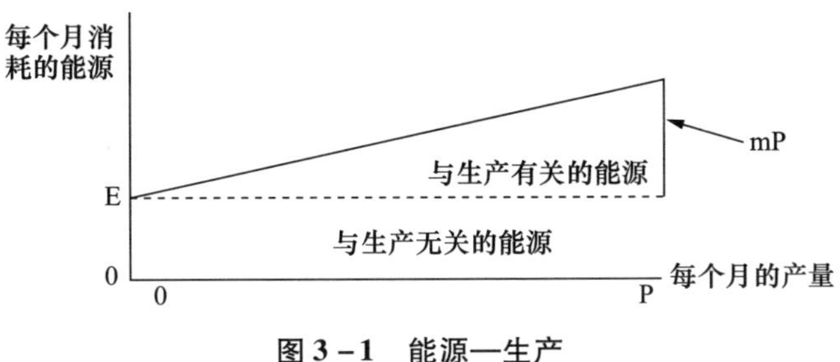

图 3－1 能源—生产

实际上，mP 是生产过程中所使用的“有用”能源，而 e 是指与生产无关的能源，即损失的能源或用于工厂一般性服务所使用的能源。

3.3.2.2 通过使用“标准最小二乘法”，为数据点找到一条最适宜的直线。这个方程式表示的是“基准线”操作

3.3.2.3 从这一时期开始，一直持续到已经采取有效措施或者引入更好的管理或控制手段，根据方程式计算预估的能源使用量

3.3.2.4 计算出每个月算出的能源使用和相应的实际能源消耗之间的差额

3.3.2.5 计算这些差额的累计总和

为了阐明这些 CUSUM 数字是否有某种潜在模式，需要绘制一个“数字—时间图”。CUSUM 图拥有大量的有用信息：

如果该直线基本水平（在零位附近波动），那么每个月能源使用的变化就可能是由于操作的正常变化引起的。事实上，没有一个过程是在完全没有波动的情况下运转的（例如，在进料质量或产品纯度方面的变化），并且每个月之间所出现的小的变化可以通过好的操作控制来降到最低程度。但是，如果出现过多的涨落则意味着不良控制状况的存在，此时就应该多花一些精力降低这种不良控制状况。

如果该直线为向上的走势，则说明相对于基准期的数据来说，能源处于持续过度消耗状态，而向下的走势则说明能源消耗持续低于“正常”水平。

CUSUM 线的方向或斜率发生任何大的改变都说明被监控工艺过程的运行方式发生了变化。CUSUM 数值在任何一段时间内发生变化都说明在那段时间出现了累积损失或节约。

3.4 “可持续平衡计分卡”绩效评价方法

3.4.1 现行环境绩效评价方法的优点及局限性

现行的环境绩效评估方法在某些方面有价值的实证数据还严重缺乏。仅以生态效益指标评估企业的环境绩效，其偏差控制难度大，且描述的环境绩效不够全面。由于政府管制和干预仍被视为企业环境管理决策的主要驱动力，目前的企业环境绩效评估方法主要采用代理指标（Proxy Indicator）和滞后指标（Lagging Indicator）来评价环境绩效。然而，对代理指标（如环境保护投资占总投资的比例）的衡量往往得出“越是重污染型企业，其环境绩效越好”的悖论；滞后指标（如污染物产生量）重视污染治理而忽视资源利用效率的提高。以上的各种方法虽然有的在物理环境指标之外注重了企业管理方面的指标，但仍不能充分反映物理环境指标与企业组织和管理指标之间的内在联系，而且也限制了某些数据的可获得性、兼容性和规范性。事实上，企业绩效评价的方法也正在经历一个创新的时期。如何把环境绩效评价纳入企业战略的全过程，将财务指标与非财务指标进行有机结合，为运营管理提供决策的信息，并据此不断提高企业的价值和竞争力，应该受到理论界和实践领域的关注。

现有的环境绩效评估方法中关于企业环境绩效指标的设计不足以激励企业改善与环境有关的运营管理和决策，因而在实践上不能有效地为企业环境战略和管理能力建设提供指导，而且使得数据的可获得性差。缺少组织学习能力的获得，也不与组织的战略相整合。

3.4.2　战略平衡计分卡环境绩效评价体系的建立

从当今战略实现的绩效评价体系模式来看，最能够实现环境管理目标与企业战略相整合的方法主要是战略平衡计分卡。战略平衡计分卡最早由哈佛大学会计学教授卡普兰和著名的咨询顾问诺顿于1992年提出，该系统提供了一个综合性框架，由此将公司的战略目标以一系列紧密相连的业绩评价方法来表现，它不仅是一种评价和计量的实践方法，还是一个管理系统，有助于激发产品设计、作业过程、客户管理、市场开发等关键领域的改善。具体地讲，战略平衡计分卡要求企业在明确企业战略使命、愿景和具体战略的基础上，按照四个方面来确立绩效评价和考核的目标以及体现这种目标的具体指标，这四个方面主要是财务体系、客户体系、内部运营流程体系以及学习与成长体系（见图3－2）。

之所以将该方法称为“战略平衡计分卡”，是因为这一名称可以综合反映企业战略与短期目标、财务指标与非财务指标、滞后指标和先行指标以及外部指标与内部指标等方面的综合业绩评价情况。正是因为如此，在企业制定和实施绿色战略经营过程中才需要这种绩效评价体系的建立来指导和控制企业绿色经营的实践。我们可以利用图3－1的理念，将其改为环境战略平衡计分卡（见图3－3）。

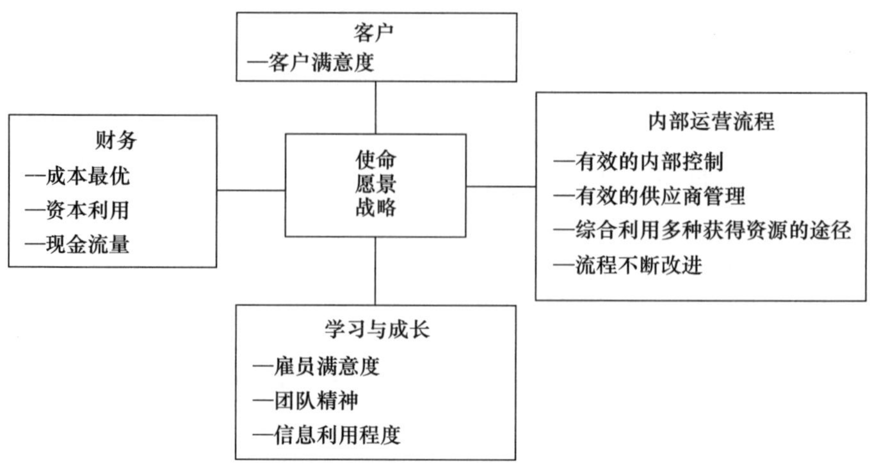

图3-2 战略平衡计分卡（根据 Kaplan and Norton，1996①）

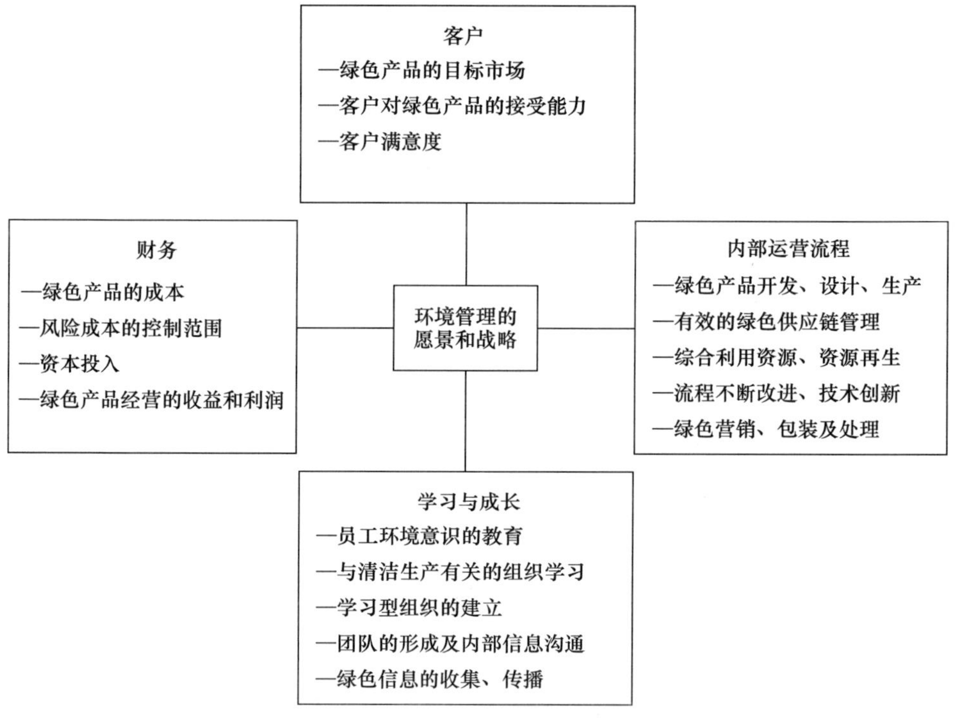

图3-3 环境战略平衡计分卡②

① Kaplan，R. S. and D. P. Norton. The Balanced Scorecard：Translating Strategy into Action Boston：Harvard Business School Press，1996.

② 根据 Kaplan and Norton，1996，经作者改编。

通过以上四个方面绩效衡量体系的建立，企业的绿色战略才能真正落在实处，发挥更为有效的作用。

在实施过程中，主要包括以下几个步骤：

（1）明确组织目标。建立公司的绿色愿景与战略。这种愿景与战略对每一部门均具有意义，使每一部门可以采用一些业绩衡量指标去完成公司的愿景与战略。

（2）确定责任中心。成立平衡计分卡小组或委员会去解释公司的愿景和绿色战略，并建立财务、顾客、内部业务、学习和成长四类具体的目标，落实到具体的部门。

（3）完善绩效评价标准。为四类具体的目标找出最具有意义的业绩衡量指标。

（4）评价并报告财务业绩。确定每年、每季、每月的绩效衡量指标的具体数字，并与公司的计划和预算相结合。注意各类指标间的因果关系、驱动关系与连接关系。

（5）使激励和目标相一致。将组织的报酬奖励制度与环境绩效平衡计分卡挂钩。

（6）不断完善战略平衡计分卡。战略平衡计分卡包括的四个方面指标并不是固定不变的，企业可根据自身的情况进行适当的增减。定期听取员工的反馈意见，修正平衡计分卡衡量指标并改进企业绿色战略。

3.4.3 平衡计分卡与可持续发展的融合

“可持续发展”在实践中意味着什么呢？尤其是在一个企业的日常运营中？企业用什么样的框架来促进可持续发展和获得持续利润呢？这样的框架应该满足三个重要的标准：第一，它必须构建在可持续发展的“三个基本点”的基础之上，它包括经济、社会和环境绩效；第二，它应该具有绩效的矩阵，以便易于理解和交流；第三，它必须能够得到现有的管理工具和资源的广泛支撑。平衡计分卡管理理念能够很好地满足以上所描述的架构内容要求。

平衡计分卡之所以能够与可持续发展相融合主要是基于它能够提供在四个关键方面驱动组织绩效的矩阵。这四类指标能够支撑并说明改进的组织绩效，提供

“平衡”的维度，使得我们将可持续性不仅看作是好的理念，同时也是实实在在的东西。企业只注重经济的可持续是短期行为，然而，长期的可持续必须是建立在三个维度的同时满足的基础上，即经济、社会和环境。

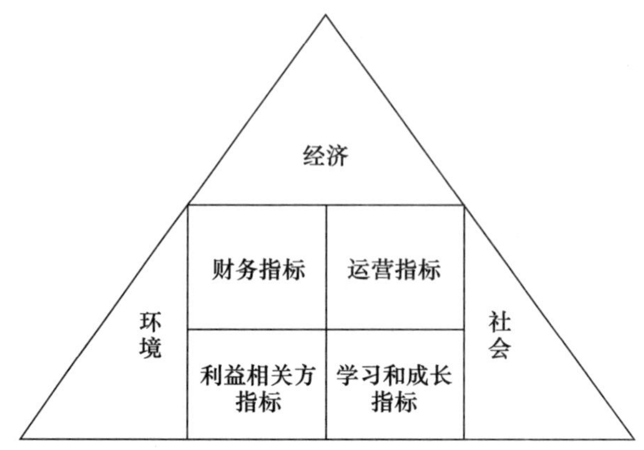

图 3-4 平衡计分卡的四类指标与可持续发展的三个基本点的联系

资料来源：作者整理。

平衡计分卡的四类指标在实践中的运用，会因组织或企业的不同而得出的分数或等级在很大程度上是不同的。但是，对于管理者来说，其益处是显而易见的：他们可以很快了解在有关持续发展和可持续利润的关键维度上他们的绩效如何。

平衡计分卡既能够使用滞后指标也能够使用领先指标提前反映企业的各种情况。领先指标和滞后指标是指“绩效驱动指标”和“结果考核指标”。

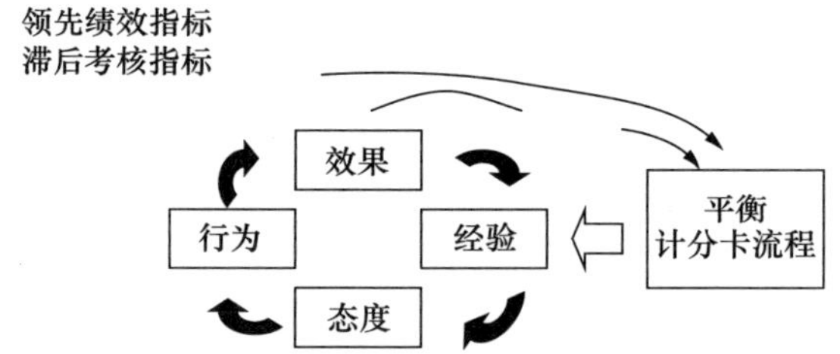

图 3-5 用平衡计分卡来提前反映情况

资料来源：尼尔斯—约兰奥尔韦 2004①。

① 隋静，嵌入环境责任的平衡计分卡战略管理研究，科技管理研究，2011（8）：213-218.

通常，结果考核指标只能够反映一个过程的最终结果。但是，公司却需要监控自己的运转情况，例如，流程的效率、客户市场的变化和员工的感受等。战略图可以帮助公司正确地选择在平衡计分卡所提供的信息中哪些才是最重要的“干涉信息”。

环境平衡计分卡之所以要采用领先（驱动）指标和滞后（结果）指标这两种指标分类形式，一个重要的原因就是考虑了环境风险和环境责任。

将使命化成战略。利用定性方法和 BSC 的框架将企业的使命/愿景变成一些战略目标（Strategic Objective），分布在四个关键区域，即财务、客户、内部业务流程和学习/创新的 BSC 的四个问题，即：①问我们如何看待股东？②问客户如何看待我们？③问我们做什么才能更好？④问我们是否能不断的改善和创造价值？

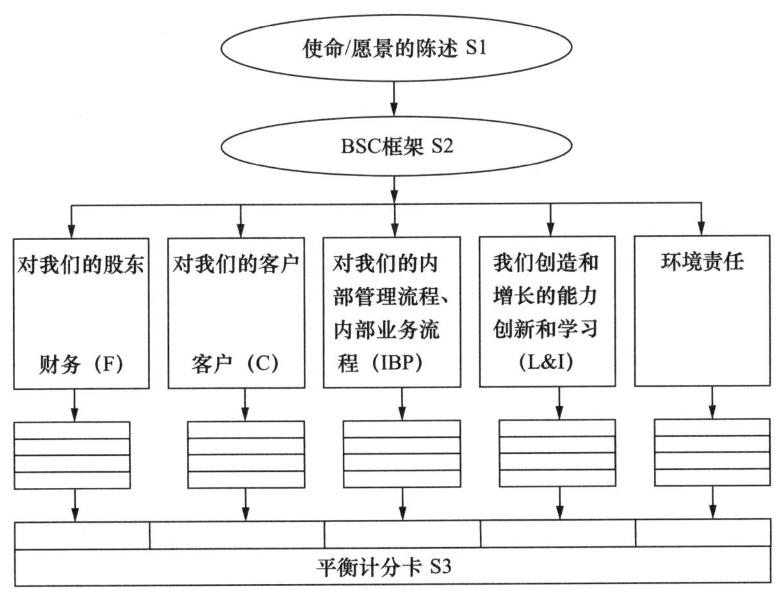

图3-6　将愿景演绎为战略性目标，增加第五个维度：环境责任

（由本作者根据 kaplan，R. S.，and Norton，D. 1992，The Balanced Scorecard—Measures That Drive Performance 变更而成）。

在各种战略目标上，找出它们的关键性/战略性成功因素。然后讨论它们的主要表现指标（KPI），目的是在战略执行时，各位经理/员工尽可能用量化的KPI去追踪和评估。BSC框架的战略目标和主要表现指标控制在16—20个，即每一个方面大概4—5个。

3.4.4 构建可持续发展平衡计分卡的四种途径

把社会和环境问题纳入可持续发展平衡计分卡中有四种可能性：

（1）“部分纳入法”。只把1—2个可持续指标纳入传统的平衡计分卡中。在纳入时要择好最易受影响的方面中（如内部流程或顾客）。虽然此方法可基本上把可持续发展问题纳入管理之中，但是，在实践中其效果还是有限的。

（2）“添加法”。把第五个维度即环境和社会可持续性纳入传统的四个方面之中。此方法可极大地提高可持续发展在公司中的地位。并且适合对可持续问题非常敏感的公司。

（3）“全线贯入方法”。关注可持续问题能够为未来公司的所有方面的成功起到价值推动作用。因此，社会和环境方面作为领先指标被整合在传统的平衡计分卡的四个方面之中。此种方法要求全公司之间对可持续发展的潜能有一个明确的共识。并且此种方法能够极大地加强可持续发展管理的整合。

（4）“共同服务的可持续平衡计分卡”。在组织中的一些部门。这样的单位负责环境可持续发展。

实际上，在一个平衡计分卡中，设定20个目标就足够了，即每一个方面有五个目标。一家公司应深入地考虑可持续发展会给公司带来的潜能和重要性。因此，与可持续发展有关的目标数目的多少依赖于具体公司的特有情况。

3.5 绿色环球21认证体系中标杆的评价法

3.5.1 “绿色环球21”认证内涵

“绿色环球21”是目前世界上唯一涵盖旅游全部行业的便于旅游企业和社区达标与认证的一个国际性的可持续发展标准体系。“绿色环球21”可持续认证体

系包括旅游企业、旅游社区、国际生态旅游、可持续设计建设和景区规划设计五大标准：

（1）可持续旅游企业标准。针对宾馆饭店、餐馆酒吧、度假村、旅游管理部门、观光缆车、航空公司、飞机场、旅游交通公司、租车行、游轮游船、游船码头、旅游列车、聚会场所、展销零售点、会展中心、农家乐、高尔夫球场、旅游综合服务公司、旅游项目经销商、节事活动、旅游景点、野外宿营地、游客信息服务中心及果园/葡萄酒厂等。

（2）可持续旅游社区标准。针对旅游区、行政区、景区及城镇等。

（3）国际生态旅游标准。针对生态旅游产品。

（4）可持续设计建设标准。针对规划建设中的旅游景点与设施。

（5）景区规划设计标准。针对旅游开发项目的规划设计阶段即解决或者至少降低可能出现的许多不协调因素。

根据达标评估要求，“绿色环球21”还对不同的旅行旅游部门进行了细分。目前，“绿色环球21”已经制定了29个旅游部门的达标评估指标体系，包括一个旅游社区和一个生态旅游产品的指标体系，涵盖航空、水路、铁路、公路旅游和休闲、娱乐、餐饮、度假、会展、保护区、风景区等旅游的各个部门。① “绿色环球21”可持续旅游标准体系得到世界旅游组织、亚太旅游协会、国际航空运输协会、国际旅馆饭店协会、国际导游协会同盟等国际组织的广泛支持并在澳大利亚可持续旅游合作研究中心和英国可持续发展实验室的技术支持下，创新性地引入了ABC（加盟、达标、认证）三个阶段的参与模式，进一步地提高了其标准体系的科学性和权威性，使“绿色环球21”标准体系不断完善。

3.5.2 “绿色环球21”关注的主要问题

实施“绿色环球21”标准是为了增强旅游企业/景区对环境和社会的责任感以及让公众了解该企业/景区对环境与社会和谐发展的承诺。“绿色环球21”特别关注经济、社会和环境的全面健康发展，要求旅游企业/景区采取以下有效措施：

---

① 诸葛仁，俞益武，贺昭和.《绿色环球21》可持续旅游标准体系[M].科学出版社，2006（8）.

（1）减少温室气体排放；

（2）提高能源利用率；

（3）加强淡水资源管理；

（4）保护空气质量和控制噪声；

（5）减少废弃物和进行废物回收利用；

（6）改进废水处理；

（7）改善社区关系；

（8）保护文化遗产；

（9）保护自然生态系统；

（10）保护野生动植物种类；

（11）强化土地规划和管理；

（12）妥善保存并慎用对环境有害的物质。

3.5.3 “绿色环球21”达标分析法

“绿色环球21”进行环境绩效评价主要使用达标评估法。达标分析法的主要目的是帮助企业评价和改进环境实施效果的手段，是在对企业的环境和社会形象进行一次全面的调查后开展的。达标分析为企业掌握必要信息、制定环境与社会可持续发展政策和企业年度及中长期改进目标，并为建立环境管理体系和下一步认证做好了准备。企业根据“绿色环球21”部门达标评估指标体系的要求，测定和收集数据并递交“绿色环球21”，经“绿色环球21”专家分析后企业将得到一份完整的可持续性评估报告，从而了解企业自身的经营情况和环境绩效评价情况。图3－7为达标评价的示意图。

基点实践水平（Baseline Performance）：“绿色环球21”的一个“地球评分”指标水平。如果超过这一水平，说明企业具有良好的环境与社会表现。为了使用独特的“绿色环球21”徽标，企业的“地球评分”指标必须位于或者超过基点实践水平之上。如果有一个指标低于最佳实践水平，那么将鼓励企业逐年改进其操作水平直到达到最佳实践状态。

最佳实践水平（Best Performance）：“绿色环球21”的一个“地球评分”指标水平，用于说明企业已经达到模范状态。

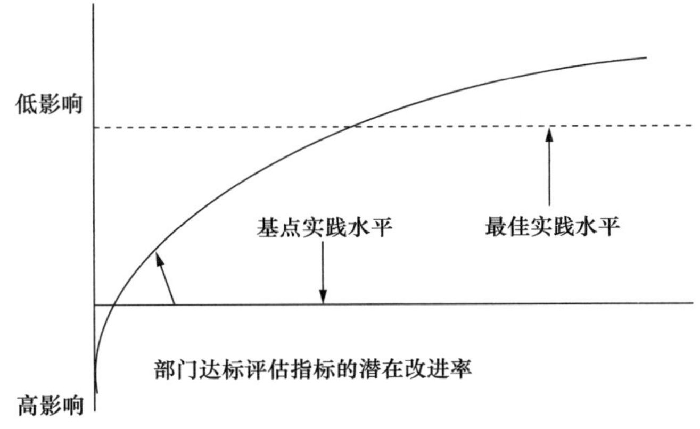

图3－7　达标评价的地球评分

在图3－7中，纵轴表示环境影响由低到高，横向虚线表示最佳实践水平，实线表示基点实践水平，曲线显示各项“地球评分”指标的潜在改进率。

基点实践水平是达标评价指标的起点水平。只有企业的各项指标超过这一水平，才能说明企业或地方已经取得了最基本的环境与社会成效。而最佳实践水平即达标评价指标的模范水平，用于证明企业或地方通过努力，某项指标已经达到最佳状态。如果有一项指标尚未达到最佳实践水平，那么将鼓励企业或地方进一步改善其操作水平，直到达到最佳状态。

达标评估需要每年进行一次。饭店通过每年的达标评估，可以了解自己工作的绩效和差距，通过年复一年的改进，使饭店的环境与可持续发展指标均达到最佳水平，从而实现构建资源节约型和环境友好型企业与社会的最终目的。

3.5.4　实施“绿色环球21”的现状

3.5.4.1　国际实施“绿色环球21”的现状

迄今为止，“绿色环球21”已在全球50多个国家开展认证业务。其成员涵盖了旅行旅游业的各个部门以及城镇社区、旅游学院和政府旅游行政管理部门等。其中包括很多全球知名的旅游企业，如新加坡航空公司、澳大利亚黄金海岸机场、澳大利亚Binna Burra生态度假村和Skyrail观光缆车公司等。全球知名的酒店品牌如希尔顿、喜来登、索菲特、索尔梅丽亚及雅高等旗下都有数家酒店和度假村加入“绿色环球 21”认证。

加入“绿色环球 21”的企业在为全球的环保事业做出积极贡献的同时，也取得了更好的经济和社会效益。例如，悉尼奥林匹克国家公园的诺富特酒店和印度尼西亚的桑登色度假村采用《“绿色环球 21”可持续设计建设标准》后，减少能源消耗 40%，减少淡水消耗 60%，减排废水和固体废弃物各 30%，取得了明显的经济效益。除此之外，通过更好的环境和社会可持续表现也能获得全社会的认可并吸引了更多的游客。例如，连续四次通过“绿色环球 21”年度评审的加勒比岛国巴巴多斯的卡苏里那度假村摘取了 2004 年度“世界遗产大奖”；“绿色环球 21”认证单位，加勒比地区阿鲁巴的布库提度假村获得国际宾馆饭店协会颁发的“2004 年度环境大奖”；“绿色环球 21”达标单位，新加坡航空公司在 2004 年获得了太平洋亚洲旅游协会为航空业颁发的金奖。在由全球旅客投票进行的评选中，新加坡航空公司当选为 2004 年的“全球年度最佳航空公司”，并连续多年获得了“亚洲最佳航空公司”的称号等。

3.5.4.2 国内实施“绿色环球 21”的现状

2002 年 10 月，中国国家环保总局承诺推动绿色环球在中国的实施，双方签订了合作协议。在此协议框架下，通过南京环境科学研究所和其他合作单位的共同努力，已有越来越多的旅游企业/景区认识到保护环境、实施可持续发展的重要性。目前，国内已有 20 多家企业/景区加入绿色环球认证，其中包括国家级风景区、自然保护区、宾馆饭店、度假村及博物馆等。这些企业/景区出色的环境和社会形象正吸引着越来越多的国内外游客，他们的努力必将得到丰厚的回报。

为了普及可持续旅游理念和标准体系，绿色环球在中国先后成功举办了九期绿色环球培训班，接受培训的国内外学员达 200 余人。其中，国际生态旅游标准的培训为全球首次举办，这必将对中国生态旅游市场的有序管理，以及生态旅游产品国际化和标准化产生积极和深远的影响。相信随着时间的推移，绿色环球将会得到更多有识之士的认同，并在中国旅游业发展中发挥更加积极的作用。

3.6　生态足迹环境绩效评价方法在旅游企业的运用

3.6.1　可持续发展与生态足迹

生态足迹分析方法是加拿大的William Ree和Wackernagel于20世纪90年代提出的一种非货币尺度测量可持续发展的方法，是指能为一个特定生活标准的人群提供所需的资源、吸纳其废弃物的生物生产性土地面积（包括陆地和水域）。生态足迹是用生态性生产土地面积表达特定的经济系统和人口对自然资源的消费量，并与该地区实际的生态供给能力相比，可以判断该地区的发展是否处于生态承载力的安全范围之内，即衡量地区的可持续发展程度。

在生态足迹计算中，各种资源和能源消费项目被折算为耕地、草地、林地、建筑用地、化石能源土地和水域6种生物生产性土地类型的面积，然后再进行相应的均衡处理。该概念于1999年引入我国，在定量研究区域的可持续发展水平方面得到广泛的应用。

3.6.2　生态足迹的计算方法

第一步，计算各种消费项目的人均生态足迹分量：

$$A_i = \frac{C_i}{Y_i} = \frac{P_i + I_i - E_i}{Y_i \times N}$$

i——消费项目的类型；

Y_i——生产第i种消费项目的年平均产量（kg/hm^2）；

C_i——第i种消费项目的人均消费量；

A_i——第i种消费项目折算的人均生态足迹分量（hm^2/人）；

P_i——第i种消费项目的年生产量；

I_i——第i种消费项目的年进口量；

E_i——第i种消费项目的年出口量；

N——人口数。

第二步，计算生态足迹。公式为：

$$ef = \sum rjAi = \sum rj \frac{Pi + Ii + Ei}{Yi \times N}$$

ef——人均生态足迹（hm^2/人）；

rj——均衡因子。

区域总人口的生态足迹为：EF = N × (ef)

EF——总人口的生态足迹（hm^2）；

N——人口数。

第三步，生态承载力的计算，公式为：

ec = aj × rj × yj(j = 1，2，3，…，6)

ec——人均生态承载力（hm^2/人）；

aj——人均生物生产面积；

rj——均衡因子；

yj——产量因子。

区域生态承载力：EC = N ×（ec）

EC——区域总人口的生态承载力（hm^2）；

N——人口数。

第四步，生态赤字或生态盈余的计算：

如果计算的生态足迹超过了区域所能提供的生态承载力，就会出现生态赤字；如果小于区域的生态承载力，则表现为生态盈余。区域的生态赤字或生态盈余，反映了区域人口对自然资源的利用状况，揭示了特定生态系统所提供的资源和环境对人类社会系统良性发展的支持能力，决定着一个区域经济社会发展的速度和规模。

3.6.3 旅游生态足迹

旅游业的发展直接依托环境与资源，在旅游活动中，旅游者要占用和消耗各种资源，对区域生态系统和区域旅游的可持续发展产生影响。旅游生态足迹即指某区域支持一定数量旅游者的旅游活动所需的资源及吸纳其所产生废弃物的生物生产性土地面积。

3.6.4 旅游企业的生态足迹计算方法

目前，生态足迹的研究在旅游业中得到了广泛应用，一般都是研究旅游地的旅游生态足迹，着眼于旅游的六大要素“吃、住、行、游、购、娱”的综合分析，目前我们把旅游生态足迹的评价方法引入对旅游企业的评价，这里涉及的旅游企业包括景区、景点以及饭店、酒店。在旅游企业的生态足迹计算中，根据旅游消费的特点，将旅游活动的资源消耗以及对环境的影响按旅游活动的6要素（食、住、行、游、购、娱）划分为6类①。

3.6.4.1 餐饮子系统

餐饮子系统计算游客在旅游区停留期间所消耗的粮食、肉类、蔬菜、水果等生物资源以及提供餐饮服务的能源消耗所对应的化石能源土地面积，餐饮子系统所对应的生物生产性土地包括耕地、草地、水域、林地等。旅游餐饮生态足迹计算模型为：

$$TEF_{food} = \sum S + \sum (N \times D \times C_i / P_i) + \sum (N \times D \times E_j / r_j)$$

其中，S为各类社会餐饮设施的建成地面积；N为旅游者人次数；D为旅游者平均旅游天数；C_i 为游客人均日消费的第i种食物的消费量；P_i 为与第i种食物相对应的生物生产性土地的年平均生产力；E_j 为游客人均日消费的第j种能源的消耗量；r_j 为世界上第j种能源的单位化石燃料生产土地面积的平均发热量。

3.6.4.2 住宿子系统

住宿子系统分为游客在旅游区住宿期间所占用的宾馆、客栈、餐馆等建筑用地面积以及住宿期间所消耗的能源，主要包括供热、制冷、空调、照明、电视、上网、洗涤等能源消耗，住宿子系统所对应的生物生产性土地包括水域、化石燃料土地、建筑用地等。旅游住宿生态足迹计算模型为：

$$TEF_{accommodation} = \sum (N_i \times S_i) + \sum (365 \times N_i \times K_i \times C_i / r)$$

其中，N_i 为第i种住宿设施拥有的床位数；Si为第i种住宿设施每个床位的建成地面积；K_i 为第i种住宿设施的年平均客房出租率；C_i 为第i种住宿设施每

① 杜旭东，赵俊远. 基于旅游生态足迹的民族地区旅游可持续发展研究——以甘南藏族自治州为例[J]，西华大学学报（哲学社会科学版），2008（2）：52-56，86.

个床位的能源消耗量；r 为世界上单位化石燃料生产土地面积的平均发热量。

3.6.4.3 交通子系统

交通子系统包括游客从常住地到旅游目的地往返，以及在各旅游目的地内旅行所需的能源消耗与旅游交通设施的占用，所对应的生物生产性土地包括化石燃料土地和建筑用地等。旅游交通设施占用的建成地计算主要包括游客所需的机场、火车站、汽车站、轮船码头、铁路、公路、停车场、风景区索道站口、桥梁、隧道等。值得注意的是，“旅游交通设施占用的建成地”应为区域内各类交通设施面积之和扣除非游客占用部分的面积。能源消耗计算包括游客乘坐飞机、火车、轮船、出租车、索道、景区电瓶车等，能源消耗量是游客“旅行距离”与其所选择的各种交通工具的人均单位距离能源消耗的乘积。能源足迹是将能源消费量转化为化石燃料生产土地面积，转化标准系数采用世界上单位化石燃料生产土地面积的平均发热量。旅游交通生态足迹计算模型为：

$$TEF_{transport} = \sum (S_i \times R_i) + \sum (N_j \times D_j \times C_i / r)$$

其中，S_i 为第 i 种交通设施的面积；R_i 为第 i 种交通设施的游客使用率；N_i 为选择第 j 种交通工具的游客数；D_j 为选择第 j 种交通工具游客的平均旅行距离；C_i 为第 j 种交通工具的人均单位距离能源消耗量；r 为世界上单位化石燃料生产土地面积的平均发热量。

3.6.4.4 游览子系统

游览子系统包括游客在旅游区停留期间主要游览的旅游景区（点）的面积及能源消耗，测算包括各类景区（点）内的游览步道、公路、观景空间的建成地的面积总和，而非景区（点）的实际占地面积，所对应的生物生产性土地包括耕地、草地、水域、林地和建筑用地等。游览旅游生态足迹模型为：

$$TEF_{visiting} = \sum P_i + \sum H_i + \sum V_i$$

其中，P_i 为第 i 个旅游景区（点）游览步道的建成地面积；H_i 为第 i 个旅游景区（点）内公路的建成地面积；V_i 为第 i 个旅游景区（点）观景空间的建成地面积。

3.6.4.5 购物子系统

购物子系统包括游客在旅游区停留期间购买旅游商品对应的生物资源、工业

产品、能源等消耗，所对应的生物生产性土地包括耕地、草地、水域、林地和化石燃料用地等。由于不同的旅游目的地所提供的主要旅游商品类型不同，且不同类型的旅游商品对应的生物生产性用地的类型也不同，因此为了克服旅游者购物消费各类实物量相关资料获取的困难以及计算过于烦琐引起的误差增大，假定旅游者的购物消费支出全部用于购买当地几种主要的旅游商品，再根据当地该类旅游商品的平均价格获得旅游商品实物消费量。旅游购物生态足迹计算模型为：

$$TEF_{shopping} = \sum S_i + \sum[(R_j/P_j) \div g_j]$$

其中，S_i 为第 i 类旅游商品生产与销售设施的建成地面积；R_j 为游客购买的第 j 类旅游商品的消费支出；P_j 为第 j 类旅游商品的当地平均销售价格；g_j 为第 j 类单位旅游商品相对应的当地生物生产性土地的年平均生产力。

3.6.4.6　娱乐子系统

娱乐子系统包括为游客提供休闲娱乐设施的建成地及其能源消耗，所对应的生物生产性土地包括建筑用地、草地、水域、林地和化石燃料用地等。由于游客室内休闲娱乐设施（如歌舞厅、游泳池、棋牌室、网球场、健身房、保龄球馆等）往往附属于住宿与餐饮设施内，故这部分建成地面积不计。室外大型的休闲娱乐场所如主题公园、高尔夫球场等则按实际占地面积计算为建成地面积。休闲娱乐活动中的能源消耗相对较少，可以忽略不计。娱乐旅游生态足迹的计算模型为：

$$TEF_{entertainment} = \sum S_i$$

其中，S_i 为第 i 类游客户外休闲娱乐设施的建成地面积。

3.7　生命周期评价法

3.7.1　产品生命周期评价的定义

生命周期评价（Life Cycle Assessment，LCA）起源于 1969 年美国中西部研究所受可口可乐委托对饮料容器从原材料采掘到废弃物最终处理的全过程进行的跟踪与定量分析。

生命周期评价的定义较多，目前具有代表性的有以下三种：

（1）生命周期评价是一个评价与产品、工艺或行动相关的环境负荷的客观过程，它通过识别和量化能源与材料使用和环境排放，评价这些能源与材料使用和环境排放的影响，并评估和实施影响环境改善的机会。该评价涉及产品、工艺或活动的整个生命周期，包括原材料提取和加工，生产、运输和分配，使用、再使用和维护，再循环以及最终处置（国际环境毒理学和化学学会）。

（2）生命周期评价是评价一个产品系统生命周期整个阶段，从原材料的提取和加工，到产品生产、包装、市场营销、使用、再使用和产品维护，直到再循环和最终废弃物处置的环境影响的工具（联合国环境规划署）。

（3）生命周期评价是对一个产品系统的生命周期中输入、输出及其潜在环境影响的汇编和评价（国际标准化组织）。

3.7.2 生命周期评价的步骤

LCA 已经纳入 ISO14000 环境管理系列标准而成为国际上环境管理和产品设计的一个重要支持工具。具体包括相互联系、不断重复进行的四个步骤：目的与范围的确定、清单分析、影响评价和结果解释。生命周期评价的四个步骤分别为：

（1）目标与范围定义。目标定义主要说明进行 LCA 的原因和应用意图，范围界定则主要描述所研究产品系统的功能单位、系统边界、数据分配程序、数据要求及原始数据质量要求等。

（2）清单分析。清单分析是对所研究系统中输入和输出数据建立清单的过程。清单分析主要包括数据的收集和计算，以此来量化产品系统中的相关输入和输出。首先是根据目标与范围定义阶段所确定的研究范围建立生命周期模型，做好数据收集准备。然后进行单元过程数据收集，并根据数据收集进行计算汇总得到产品生命周期的清单结果。

（3）影响评价。影响评价的目的是根据清单分析阶段的结果对产品生命周期的环境影响进行评价。这一过程将清单数据转化为具体的影响类型和指标参数，更便于认识产品生命周期的环境影响。此外，此阶段还对生命周期结果解释阶段提供必要的信息。

（4）结果解释。结果解释是基于清单分析和影响评价的结果识别出产品生命周期中的重大问题，并对结果进行评估，包括完整性、敏感性和一致性检查，进而给出结论、局限和建议。

3.7.3　旅游业中生命周期评价的应用

作为环境管理工具和预防性的环境保护手段，生命周期评价主要应用在通过确定和定量化研究能量和物质利用及废弃物的环境排放来评估一种产品、工序和生产活动造成的环境负载；评价能源材料利用和废弃物排放的影响以及评价环境改善的方法。生命周期评价也可作为用于评价产品与服务相关的环境因素及其整个生命周期环境影响的工具。将生命周期评价作为旅游业环境管理的有力工具，可以促进旅游接待系统的可持续发展。例如，可将此评价方法用于邮轮旅游产品、宾馆接待服务产品以及餐饮接待产品等的环境影响评价中。

3.8　免费线上自我能源审计工具（FOSEA）

在采取任何具体措施减少能源使用和二氧化碳排放之前，进行适当的能源环境审计是十分必要的。对温室气体排放进行管理逐渐成为世界趋势，已经被许多国家的法律所认同。一些规定像澳大利亚2007年出台的NGER法案和全球变暖解决法案，以及美国加利福尼亚州的“AB 32”，这些法案都旨在减少温室气体的排放，与1990年相比到2020年要减少排放量的20%。这些法案起到强制的作用使公司进行能源环境审计并报告能源使用和保护的情况。对温室气体尤其是二氧化碳排放量进行自愿审计是当前包括酒店业在内的工业发展的一个重要趋势。能源审计在能源效率管理和能源管理项目中起到重要作用。

利用信息技术，可以大大减少酒店业对环境的影响。免费线上自我能源审计工具FOSEA（Free of Charge Online Self - administered Energy Audit）是自助在线工具，支持酒店的审计业务，并导致明智的决策。除了用户可以免费使用外，

FOSEA 工具背后的基本理念是酒店可以往在线工具中输入特定的数据，如入住率，能源使用，能源成本，维修建筑物所耗资源，减少能源消耗和提高可持续发展能力所做的努力。然后，该评估工具就算出了该酒店的能效和相应的酒店碳足迹。(Legrand, et al., 2012)① 估算的投资回报和建议都会呈现出来，帮助酒店管理人员和经营者实现更高的能效水平。在线自助报表软件也可用来作为一个行业的标杆工具。网上有很多可得到的 FOSEA 工具可应用于酒店的能源衡量和作为标杆，开展建筑和运营的自查工作。然而，免费的 FOSEA 工具的供应是有限的。

对酒店业来讲，适于酒店能源审计最突出的 FOSEA 工具是特别注重能源管理的酒店能源解决方案的生态工具（Hotel Energy Solutions E – Toolkit），能源节约项目（Energie – Spar programm），酒店能源（Hotel Power），酒店能源检查（Hotel Energy Check），能源之星投资组合管理工具（Energy Star Portfolio Manager）和绿色寻求（GreenQuest）。最常用的为下面两种：

3.8.1 酒店能源解决方案的生态工具包

酒店的能源解决方案工具包是联合国世界旅游组织（UNWTO），联合国环境计划署（UNEP），国际饭店与餐馆协会（IH&RA），法国环境及能源管理署（ADEME）和欧洲可再生能源理事会之间合作的结果（或共同实施）——旨在让欧洲的中小型酒店能源利用率提高 20%，可再生能源增加 10%。作为欧洲最大的酒店能源计划，该项目已被选定作为欧洲可持续能源运动的官方合作伙伴。该工具需要注册，但免费提供给所有酒店经营者（及非酒店经营者），可在广泛的地理条件使用。

测量能源消耗，碳足迹和提供可持续的投资潜力是能源工具包“E – Toolkit”的关键组件，该工具包可能对旅游部门产生开创性的影响，帮助酒店减少二氧化

① Legrand, W., Kirsche, K. Sloan, P. Simons – Kaulmann, C. Making 20 – 2020 happen: is the hospitality industry mitigating its environmental impacts? The barries and motivators that German hoteliers have to invest in sustainable management strategies and technologies and their perceptions of online self help toolkits. In the Sustainable Tourism V., Pineda, F., D.: Brebbia. C. A. Eds.; Wessex Institute of Technology Press: Southampton, 2012: 115 – 127.

碳的排放量，同时增加商业利润。酒店能源解决方案（HES）生态工具包以“一个创新的酒店能源工具包”为题在2011年西班牙国际旅游交易会上亮相。HES E－Toolkit是一个易于使用的应用软件，用来减少住宿业对环境的影响和应对气候变化。E－Toolkit为酒店经营者提供实际的方法来降低当前的能源消费，并根据能源效率和可再生能源实现最高效益的投资选择。参与联合国世界旅游组织发起的酒店能源解决方案（HES）项目的住宿业单位将有机会免费获得E－Toolkit。E－Toolkit可以生成用户友好的报告，显示各酒店正使用多少能源，以及与其他机构相比如何，展示酒店的总体碳排放，并为酒店提供最新的能源技术建议。①

3.8.2 能源之星投资组合管理工具

能源之星（Energy Star），是一项由美国政府所主导，主要针对消费性电子产品的能源节约计划。能源之星计划于1992年由美国环保署（EPA）所启动，目的是为了降低能源消耗及减少发电厂所排放的温室效应气体。此计划并不具备强迫性，自发配合此计划的厂商，就可以在其合格产品上贴上能源之星的标签。最早配合此计划的产品主要是电脑等资讯电器，之后逐渐延伸到电机、办公室设备、照明、家电等。后来还扩展到的建筑，美国环保署于1996年起积极推动能源之星建筑物计划，由环保署协助自愿参与业者评估其建筑物能源使用状况（包括照明、空调、办公室设备等）、规划该建筑物的能源效率改善行动计划以及后续追踪作业，所以有些导入环保新概念的住家或工商大楼中也能发现能源之星的标志。

能源之星投资组合管理工具（Energy Star Portfolio Manager）可以被用来统计项目能耗与水耗，通过大数据横向比较，或项目数据纵向比较，获得项目能源使用效率的评价。

已建住宅的拥有者可以利用基于国际互联网络的评估工具——《能源之星住宅基准》，与本国类似住宅的年能源消耗情况进行比较。这一工具帮助已建成住宅的拥有者明白他们的住宅是否满足节能要求，是否应该升级住宅节能措施以提高能源使用效率。在能源之星网站上，这一工具还能帮助已建成住宅的拥有者快

① 联合国世界旅游组织．改善酒店业能源效率［J］．饭店现代化，2011（2）：50－51.

速决定选择哪种住宅改造方式来提高能源效率。

绿色建筑委员会（U. S Green Building Council）是世界上较早推动绿色建筑运动的组织之一，USGBC 是一个非政府、非营利组织，致力于促进世界各地的绿色建筑活动，由该机构推出的 LEED 绿色建筑评级体系，是全球绿色建筑在设计、施工、维护和运营方面最重要的系统。

通过 Energy Star Portfolio Manager 这个平台可以将建筑能耗及水耗数据与 USGBC 分享，以满足 LEED v4 中的要求（LEED v4 要求项目承诺将至少 5 年的能耗及水耗数据上传 USGBC）。上传到 Portfolio Manager 中的建筑能耗及水耗数据，从而方便地分享给 USGBC。Energy Star Portfolio Manager 一直在收集不同建筑类型的能耗数据以帮助各类建筑评估其能耗及水耗表现。Portfolio Manager 将建筑的能耗与同类型相似建筑的能耗进行比较，并给建筑的能耗表现进行打分。

在能源效率最佳管理实践中 Portfolio Manager 是首选的建筑能耗分析与审计的工具。

第4章　旅游餐饮业环境审计

旅游业的发展极大地促进了旅游目的地餐饮消费的发展，2015年中国餐饮业收入32310亿元，同比增长11.7%。① 其中，旅游餐饮消费占总餐饮消费的比重越来越大。② 但与此同时，餐饮业对环境与能源造成的压力也越来越大。据估算，中国餐厨垃圾占城市生活垃圾比重大致在37%~62%，对环境造成极大的影响。我国酒店餐饮服务系统原材料准备过程中平均用电量占全过程总用电量的比例为20.28%左右；制作过程平均用电量比例为44.89%左右，平均用水量比例为45.87%左右，平均用蒸汽量比例为51.89%左右；服务过程平均用电量比例为34.83%左右，平均用水量比例为44.13%左右，平均用蒸汽量比例为48.11%左右。③ 旅游餐饮业环境审计是对旅游餐饮制作和服务过程中的能耗与环境影响进行监测与控制。对旅游餐饮业各个环节的审计成为保障旅游消费者安全与促进环境可持续发展的重要环节。

4.1　旅游餐饮业的环境问题

随着我国经济的发展和居民收入的提高，旅游者对于旅游过程中饮食的关注度日益提升，但随之而来的是常被我们忽视的餐饮业环境问题，其主要表现在以

---

① 酒店旅游网，2015年全国餐饮收入实现32310亿元同比增长11.7%，http：//hotel.chinairn.com/news/20160120/093401941.html，2016.1.20.

② 王灵恩，成升魁，胡咏君，唐承财．中国餐饮消费的可持续发展策略研究［J］．中国人口·资源与环境，2012，22（5）：143-148.

③ 高兴，张殿光，袁杰，李文霞，邓文涛，张兴文，杨凤林．我国酒店业餐饮服务全过程能耗现状分析［J］．建筑科学，2007（4）：40-44+69.

下几个方面。

4.1.1 废水污染

水是人类进化演进过程中一项必需的资源，全球只有3%的可用水源。[①] 餐饮业用水量较大，并且在生产和服务过程中会产生大量废水，这对仅有的可用水源造成很大压力。旅游餐饮业中：一类废水包括含洗涤剂的洗涤废水，主要是用于清洗各类食物、餐具以及毛巾、餐巾等织物所排放的废水；另一类废水是冲厕、拖地等排放的废水，餐饮业对于这两类废水的排放量是极大的，这些废水如果直接排入江河，很容易造成江河的富营养化。我国存在含油污水超标严重的问题，这将导致堵塞排污管道、滋生害虫、增加污水处理的成本，如果这些含油污水被不法商贩回收利用，将会导致餐桌安全隐患。

4.1.2 废气污染

餐饮企业在烹饪过程中易产生大量的油雾烟气，烟气中含有有毒、有害致癌物质，如含氮化合物、芳香族和含硫、脂肪酸、杂环化合物、醛类等。另外，油烟雾是以气态和水凝性微小颗粒状态存在，很容易经呼吸道进入人体。据估计，每天肉类摄入量超过100克的肉食主义者的饮食会导致每人每天8000克的二氧化碳排放量，而素食餐和鱼肉餐每天导致的二氧化碳排放量为每人每天3800克，严格素食主义者每餐导致的二氧化碳排放量仅为每人每天2900克。牛津大学研究人员发布的一份报告显示，更多以素食为主的全球膳食结构能够将与食物有关的温室气体排放量减少29%～70%。[②] 据英国《卫报》报道，一项最新研究表明，牛肉对环境的负面影响要远远大于其他肉类，专家称为减少碳足迹，人类能够采取的最佳措施并非停用汽车，而是少吃红肉。此外，在食品原料的运输过程中，汽车会产生尾气，对空气造成污染。

4.1.3 餐厨垃圾污染

餐饮业的厨房垃圾主要来源于餐饮垃圾及丢弃的一次性餐具。挑拣剩下的无

---

① Hall, C. Gossling, S. Sustainable Culinary System. USA: Routledge, 2013.

② Kim, B; Neff, R. Measurement and Communication of greenhouse Gas Emissions from U. S. Food Consumption via Carbon Calculators. Ecological Economics, 2009, 69 (1): 186-196.

法食用的食品原料以及剩饭剩菜等，此类物质如果处理不当就会污染环境、传播疾病。一次性餐具主要是一次性筷子、餐盒、一次性桌布、一次性餐巾等，它们看起来是餐饮卫生和舒适便利的体现，实际上却存在着巨大的资源浪费和污染隐患。另外，对一些回收困难，不易降解废物的焚烧还会对环境造成二次污染。餐厨垃圾收运处置单位规模大小不一、技术水平参差不齐，没有明确的餐厨垃圾收运标准，有的处置过程比较粗放，企业比较强调经济效益，忽视处置过程中所排出的废水、废气以及异味等对环境的影响。①

4.1.4 噪声污染

旅游餐饮业的噪声污染主要由厨房中大功率的抽油烟机、空调以及人们说话所产生的嘈杂声组成，这也是城市环境污染投诉的热点、难点。

4.1.5 资源浪费

在旅游餐饮中，存在餐桌食物浪费严重的现象。旅游餐饮业食物浪费严重由于团餐粗糙的做工，一些餐饮企业服务水平较低、服务员过量推销产品。另外，水电浪费严重问题日渐凸显。大量空调的集中使用，给用电负荷高峰期造成了很大的负担。同时，餐饮行业中的用水量也很大，包括饮食用水、清洗用水等，其中清洗用水量约占2/3。中国仅餐饮浪费的食物蛋白质就达800万吨/年，浪费脂肪300万吨/年，中国餐饮消费中，每年至少倒掉了约2亿人一年的口粮。②

4.2 实施旅游餐饮业审计的必要性

4.2.1 促进旅游餐饮业可持续发展

可持续发展不仅能够有效地解决餐饮企业所面临的高污染、高能耗、运营

① 李晓英．中国绿色餐饮发展研究［J］．学术交流，2009（9）：104－106.

② 成升魁，高利伟，徐增让，唐承财，王灵恩，Dhruba Bijaya G. C. 对中国餐饮食物浪费及其资源环境效应的思考［J］．中国软科学，2012（7）：106－114.

成本递增等问题，也可以为餐饮业提供一种新型的经营模式。① 对于旅游餐饮业而言，应以可持续发展为建设原则，做到能源消耗最小化和废弃物生产最少化。旅游餐饮业审计在食物和原料购买、食品包装、食物储藏、食品废弃物处理等方面都要进行严格有效的管理，使废弃物达到最小化，从而适应可持续发展的要求。

4.2.2 提高餐饮业员工及游客的环保意识

旅游餐饮业环境审计对饭店员工环保和食品安全意识培养的要求有助于提升饭店绿色经营水平；饭店员工对游客进行环保做法告知的审计要求能够增强游客环境保护意识，对旅游者有一定的教育意义，并且能够使旅游者对饭店绿色环保形象形成整体认知，增加游客满意度，促进旅游者二次消费。

4.2.3 提升旅游城市的核心竞争力

餐饮作为旅游过程中的一个必需环节越来越受到旅游者的重视，有的旅游者甚至因为“吃”而来到一个城市旅游。旅游餐饮环境审计是餐饮健康安全的保障，一个有着美味、健康餐饮的城市形象，对于提升该城市的旅游核心竞争力有着不可忽视的作用。

4.3 旅游餐饮业环境审计的框架与内容

对于餐饮业来说，遵循并且实施环境友好政策，做好对各个部门、各个环节的环境审计，将会对成本的节约，品牌形象的塑造以及环境足迹的减小具有促进作用。旅游餐饮业的环境审计应从利益相关者审计以及绿色资源审计两方面进行。

① 于干千．基于循环经济理论的中国餐饮业可持续发展探讨［J］．商业研究，2006（12）：183－186.

4.3.1　利益相关者环境审计

4.3.1.1　环境审计框架

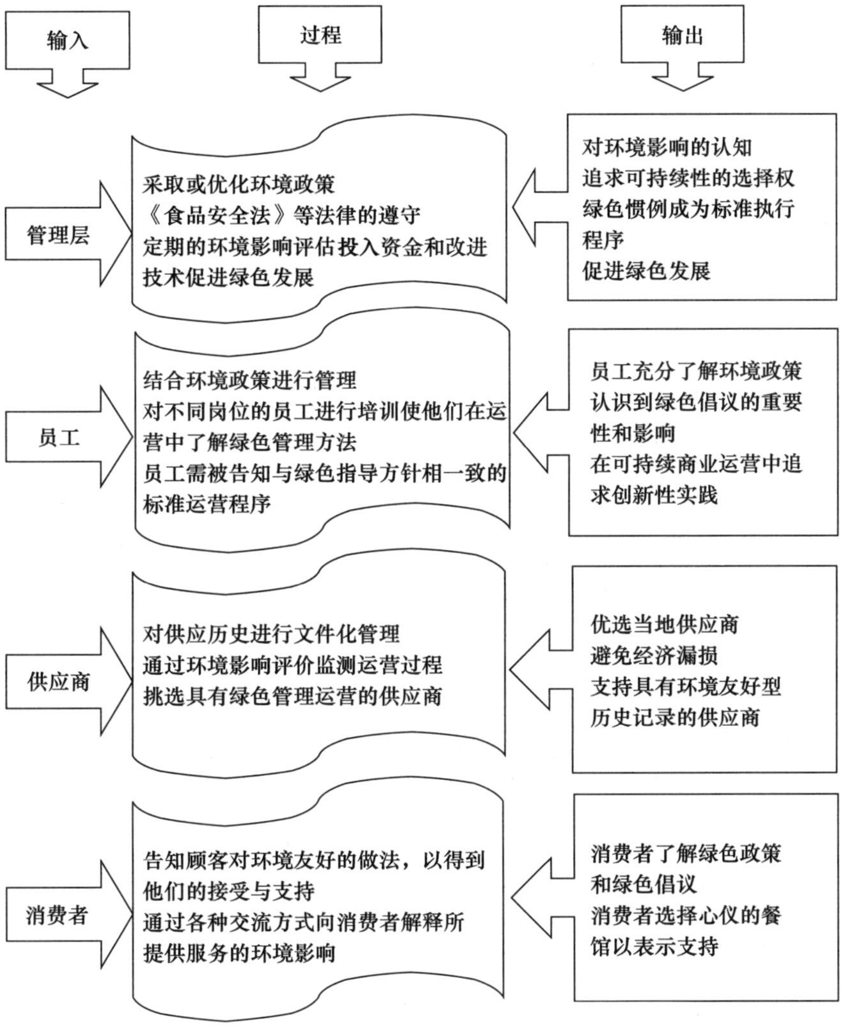

输入	过程	输出
管理层	采取或优化环境政策 《食品安全法》等法律的遵守 定期的环境影响评估投入资金和改进技术促进绿色发展	对环境影响的认知 追求可持续性的选择权 绿色惯例成为标准执行程序 促进绿色发展
员工	结合环境政策进行管理 对不同岗位的员工进行培训使他们在运营中了解绿色管理方法 员工需被告知与绿色指导方针相一致的标准运营程序	员工充分了解环境政策 认识到绿色倡议的重要性和影响 在可持续商业运营中追求创新性实践
供应商	对供应历史进行文件化管理 通过环境影响评价监测运营过程 挑选具有绿色管理运营的供应商	优选当地供应商 避免经济漏损 支持具有环境友好型历史记录的供应商
消费者	告知顾客对环境友好的做法，以得到他们的接受与支持 通过各种交流方式向消费者解释所提供服务的环境影响	消费者了解绿色政策和绿色倡议 消费者选择心仪的餐馆以表示支持

图 4－1　餐饮业利益相关者管理环境审计框架

4.3.1.2　环境审计内容

(1) 管理层。

- 在饭店服务管理中管理层是否遵守 3P 原则——人、盈利和地球（People,

Profit，Planet）①，应从以下三个方面进行审计：人，它指的是尊重所有利益相关者的利益，为员工提供良好的发展机会和工作环境，为游客提供优质的服务；利润，是指饭店应保持稳健的财务绩效，听取顾客建议，制订具有可持续性的创新方案；地球，是指管理者应有效利用能源与原材料，减少由生产所造成的环境影响。

• 是否按照《食品安全法》、《餐饮业卫生管理制度》等相关法律规定进行经营，并在经营中不断优化改进饭店的绿色管理规定。

• 是否有完整的环境影响评价体系，并定期进行环境影响评估。

• 是否对饭店员工进行卫生和健康知识培训，养成环境管理、饭店可持续发展的意识。

• 是否改进技术促进绿色发展，比如，是否安装水循环设备，是否使用太阳能设备节约能源等。

• 是否采取了管理顾客用餐浪费问题的措施，饭店不仅仅有提供给顾客用餐的义务，也有监督提醒顾客用餐浪费行为管理的职责，饭店可主动提供打包服务。

（2）员工。

• 员工是否被告知标准的绿色管理运营程序。

• 员工是否具备绿色环境管理意识并在实际操作中得以体现，比如，是否会在顾客点餐过程中提醒顾客注意合理消费、杜绝浪费，是否有意识地引导顾客环境友好消费。

• 员工是否定期对在实际运营过程中出现的问题及时与管理层沟通，以完善饭店绿色管理体系。

（3）供应商。

• 供应商的环境管理与运营是否文件化。

• 供应商是否具有明确的绿色管理运营规定和操作经验。

• 供应商的选择是否采取就近原则，以减少运输中的环境污染以及对食材的损耗。

---

① Ramsey，L. Seeking what is next. Foodservice director. 2013，26（7）：28.

- 供应商所提供的是否为绿色、无污染食材。
- 供应商所提供的是否为应季食材。

（4）消费者。

- 消费者是否对饭店的环境问题进行举报、监督。
- 消费者是否被告知环境友好的做法，并且接受支持饭店的绿色环保行为。

4.3.2 绿色资源环境审计

4.3.2.1 环境审计框架

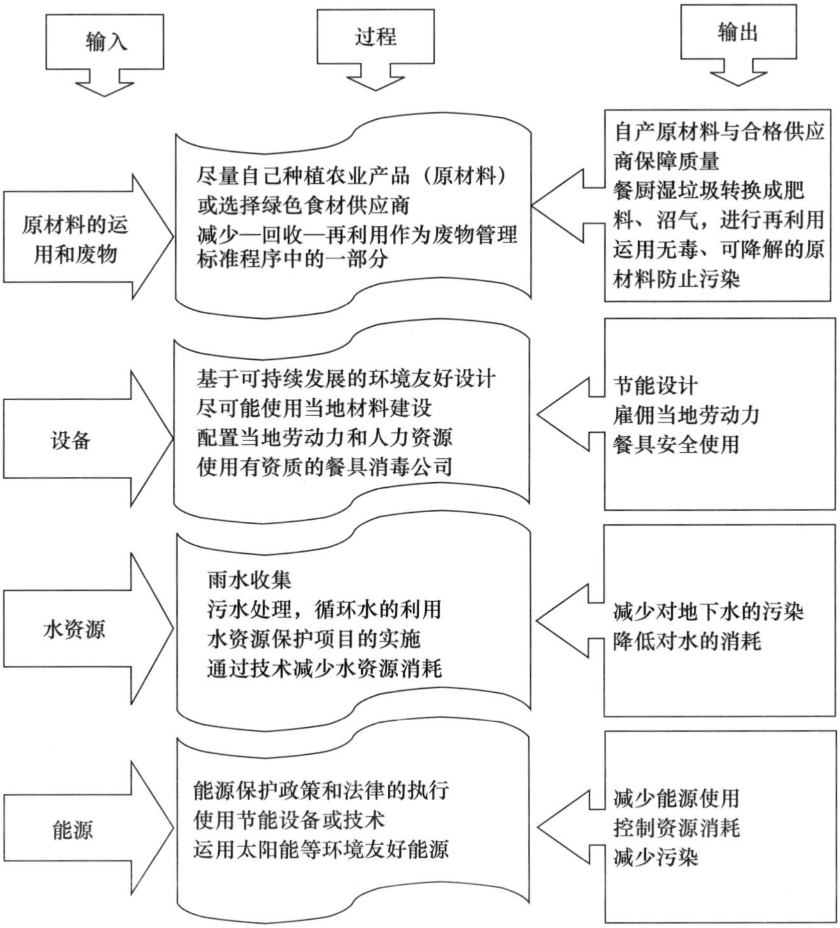

输入	过程	输出
原材料的运用和废物	尽量自己种植农业产品（原材料）或选择绿色食材供应商 减少—回收—再利用作为废物管理标准程序中的一部分	自产原材料与合格供应商保障质量 餐厨湿垃圾转换成肥料、沼气，进行再利用 运用无毒、可降解的原材料防止污染
设备	基于可持续发展的环境友好设计 尽可能使用当地材料建设 配置当地劳动力和人力资源 使用有资质的餐具消毒公司	节能设计 雇佣当地劳动力 餐具安全使用
水资源	雨水收集 污水处理，循环水的利用 水资源保护项目的实施 通过技术减少水资源消耗	减少对地下水的污染 降低对水的消耗
能源	能源保护政策和法律的执行 使用节能设备或技术 运用太阳能等环境友好能源	减少能源使用 控制资源消耗 减少污染

图4-2 餐饮业绿色资源管理审计框架

4.3.2.2 环境审计内容

（1）原材料。

●饭店是否使用当季以及当地的食材作为原材料进行烹饪，以确保原材料的新鲜健康，并且有效减少碳足迹。

●饭店是否编制标准的购买原材料清单，并且是否按清单内容执行。

●饭店是否关注原材料的价格，并且对供应商进行持续的关注。

（2）设备。

●饭店是否使用目前最先进的工具和设备以达到绿色环境管理的标准，如在中国，饭店油烟排放是否符合《饮食业油烟排放标准》的规定，餐饮业污水的排放是否符合《餐饮业污水排放标准》。

●设备的设计是否是基于可持续发展的环境友好规范设计而成。

●服务设施是否使用当地材料建设而成。

●饭店是否配置当地的劳动力和人力资源。

（3）水资源。

●进行雨水的收集处理。①

●饭店是否按照中国《餐饮业环境污染防治管理办法》进行管理，对污水进行专业处理。

●饭店是否对循环水进行利用，如中水回用。

●饭店是否参与水资源的保护项目。

●饭店是否通过相关技术进行水资源保护。

（4）能源。

●饭店是否采用废物循环管理系统。例如，乡村休闲农庄堆置肥料可以促进土壤里的蚯蚓滋养土壤，保留水分。② 堆置肥料是进行废物循环管理的一个重要途径，是再生资源产生的基本方式。

●饭店是否使用节能设备或技术，如太阳能等清洁能源的使用。

---

① Tull, D. The Natural Kitchen Your Guide to the Sustainable Food Revolution. Unites States: Process Media. 2010: 284.

② Alagh, Y. The food water Interlinkage for sustainable development of India. South Asian Survey. 2010, 17 (1): 159 – 178.

- 饭店是否实行能源保护政策。

4.4 案例阅读

对于餐饮业环境的监督与治理——以浩兹卡斯村为例[①]

浩兹卡斯村位于印度南德里的中心位置，这里承载着古老的卡尔吉王朝和图格鲁克王朝的文化与历史，不少技工、艺术家和当地的居民生活在这片有着悠久历史的地方。由于它的地理位置的原因，浩兹卡斯村迅速成为最时尚的不夜城。具有消费能力的社会精英成了这里的常客，很快，各类饭店、精品商店借助这股风在小城崛起。但现实情况是，这些饭店营业并没有经过相关部门的认可，也没有努力减少它们的环境足迹。

由于缺少考虑环境因素，餐饮业在发展过程中对环境以及社会文化不利的影响很快显现。首当其冲是湖水的污染，垃圾处理问题，地下水水位下降等问题接踵而至。周末当地社区的夜场和饭店面临着客人的冲击，严重干扰了镇上居民的正常生活。

为了回应 Pankaj Sharma 先生的请愿，2013 年 9 月 20 日，国家绿色法庭命令 34 家饭店停止营业。但是没有几家饭店进行相关清除，并且它们的经营者声称他们在开店之前不知道所需要的经营许可证和环境治理的相关规定。他们当中没有一个安装污水处理装置，继续污染着当地水资源。全城超过 50000 家饭店正在迅速崛起，然而这只是冰山一角。德里污水处理中心（DPCC）是当地污水管理的执法机关，那段时间 DPCC 没有发挥它的职能，不能完成大量的污水处理的任务。饭店给地下水的使用带来了水污染和环境风险。当地部门应该有所行动了。

随着时间的推移，将近 2000 个家庭的生计危如累卵，浩兹卡斯村的历史遗迹、文化遗产和环境同样危在旦夕。法庭给那些愿意遵守环境准则的饭店缓刑，

---

① NDTV，Decision on closed Harz Khas Village，Restaurant today <Online> Cited on 8th October，2013，Available from：http：//www. ndtv. com/article/cities/decision – on0closed – hauzkhas – village – restaurants – today – 423322.

饭店营业者必须明白遵守环境准则、有道德的进行管理以及减少生态足迹是他们的责任。这个案例还提醒我们政府机关要发挥他们进行环境监督、确保饭店环境绩效达标的积极作用。所有的利益相关者需要共同合作来推动餐饮业的绿色发展。

结 语

餐饮业审计中各个利益相关方之间应该相互合作、协同治理环境问题，共同提高饭店环境管理的效率。消费者对饭店的监督与反馈能够使饭店发现食品质量存在的隐患问题，不断改进环境管理中的弊端，弥补审计部门监管的局限性。对供应商的审计从源头控制环境污染，有效控制食品安全潜在风险。政府的相关审计部门应严格进行饭店环境审计使餐饮业环境绩效得到不断改善。同时，饭店在实施旅游餐饮业环境审计过程中能够形成完善的绿色环境体系，更好地履行饭店的企业社会责任。

第5章　旅游住宿业环境审计

随着旅游业的蓬勃发展，星级酒店的市场需求持续升温，这也致使不同规模的星级酒店如雨后春笋般涌现。国家旅游局发布《2015 年第二季度全国星级饭店统计公报》显示国内共有 11282 家星级酒店营业，其中四星级酒店 2424 家、五星级酒店 808 家。

国家旅游局在2010 年所出台的《关于进一步推进旅游行业节能减排工作的指导意见》中，要求五年内将星级酒店用水用电量降低 20%。国家对星级酒店评定的过程中也已经预设对能源消耗的限制，提倡绿色发展。国家对酒店业节能降耗的政策，以及财政资金对已采取节能降耗措施的各种补贴，对规范酒店业低碳发展是既有推动力又有吸引力，这些政策措施对酒店而言是外在动力而非内生动力，诸多酒店依旧维持高能耗水平运行，我国酒店能源费用支出占营业收入的 8% ~15%，而国际水平仅为6% ~8%，这也是影响我国酒店竞争力提升的制约因素。

各星级酒店调整经营思路，纷纷面向广阔的大众消费市场发力，推出特色产品、降低价位等，希望以此提升营业收入来维持酒店的盈利水平。然而，企业经营需要“开源节流”，越来越多的星级酒店已经自觉的控制成本，进而控制能耗成本也已从“外在动力”转化为“内生动力”。因此，能源审计被作为有效的环境管理工具加以实施。

5.1 酒店能源审计的必要性

5.1.1 酒店业碳足迹逐年递增

2005 年，住宿业、陆地运输和航空运输对旅游业的碳足迹贡献率中住宿业占比 21%，据 OECD 预测，2035 年的旅游活动对碳足迹的贡献率中，航空运输与住宿业碳足迹与其他行业相比增长幅度最大，同比 2005 年分别增加了 14 个百分点和 3 个百分点。① 随着经济的发展，酒店业碳足迹逐年攀升，因此对酒店进行能源审计是很有必要的。

5.1.2 政策控制与消费者的压力

2015 年 11 月 30 日在巴黎召开了第 21 届联合国气候大会，低碳与减排，是世界气候领域的重要议题之一。低碳、减排则要对碳足迹与水足迹等能源进行控制。能源审计是政府加强能源管理的重要手段，同时也是有效的监管基础。对重点企业和单位进行能源审计是一项重要的政府职能。酒店业作为能源消耗比较大的行业，已成为政府重点监管的对象。迫于政府政策的压力，现代酒店不得不对自身能源的消耗进行监控从而减少对气候的影响。

随着全球气候逐渐变暖，绿色环保问题也逐渐受到旅游消费者的重视。据美国旅游协会的调查，在美国有很多“生态旅游者”，他们不惜多花钱，也要选择环保的旅游产品和服务。一份荷兰的调查结果显示，63% 的荷兰、意大利和德国的旅游者表示酒店的环保措施会影响到他们的入住选择。② 消费者的环保意识的提升，迫使酒店进行绿色管理，节能减排进行能源的审计势在必行。

① OECD（2011）Climate change and tourism policy in OECD Countries，CFE/TOU（2010）10/FINAL Paris：OECD.

② Robinot. E. and Giannelloni. J. L. Do Hotels “green” attributes contribute to customer satisfaction［J］. ? Journal of Services Marketing，2010，24（2）：157－169.

5.1.3 酒店财务成本的降低

一个酒店的正常运转离不开有效发挥资金的使用效益。企业经济效益的获取主要有两种：一种是利润的增加，另一种则为成本的减少。有些酒店因要进行成本的控制而降低酒店的服务标准，这样的做法既损害了顾客的利益同时也破坏了酒店自身的形象。因此，酒店不能盲目地追求降低成本使酒店的运营陷入恶性循环。酒店应在不降低服务质量的同时，对内部进行能源消耗的控制，从而压缩成本、提高酒店的经济效益。比如，酒店的客房部就是一个能源消耗大的部门，其中有些是必需的，有些则往往是由于失控造成的，如面盆、浴盆，马桶长期流水；房间、卫生间的长明灯；当服务员在清扫顾客卫生间时，由于疏忽造成房间内的灯没有及时关闭等情况，也随之产生了很多成本的浪费。酒店可以对这些细微的小事管理，降低能源的消耗，从而达到成本的降低。

5.2 生命周期评价理论

5.2.1 生命周期评价的概念

ISO14040 对生命周期评价（Life Cycle Assessment，LCA）的定义是：汇总和评价一个产品、过程（或服务）体系在其整个生命周期的所有阶段对环境造成的和潜在的影响的方法。[①] 也可称为“从摇篮到坟墓”的评价方法，其关注的是产品生命周期的四个阶段：生产（包括原料的使用）、销售/运输、使用和后处理，因为在每个阶段产品（或服务）都以不同的方式和程度影响着环境。生命周期评价已被认为是21世纪最有潜力的可持续发展支持工具。酒店产品的生命周期则是从顾客的入住、停留到离开的整个过程。

---

① ISO14040，Environmental management—life cycle assessment—principles and framework. Geneva，Switzerland：International Standards Organization（ISO）；1997.

5.2.2 生命周期评价的技术框架

ISO14040 将生命周期评价分为相互联系的、不断重复进行的四个步骤：目的与范围的确定、清单分析、影响评价和生命周期解释。如图 5 - 1 所示。

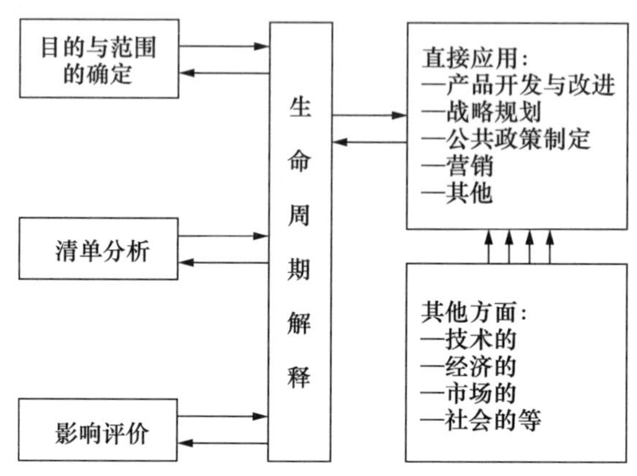

图 5 - 1 ISO14040 生命周期评价框架①

（1）目的与范围的确定。生命周期评价的第一步是确定研究目的与界定研究范围。研究目的应包括一个明确的关于 LCA 的原因说明及未来后果的应用。目的应清楚表明根据研究结果将做出什么决定、需要哪些信息、研究的详细程度。研究范围定义了所研究的产品系统、边界、数据要求、假设及限制条件等。

（2）清单分析。清单分析是 LCA 基本数据的一种表达，是进行生命周期影响评价的基础。清单分析是对产品、工艺或活动在其整个生命周期阶段的资源、能源消耗和向环境的排放（包括废气、废水、固体废弃物及其他向环境中的释放物）进行数据量化分析。清单分析的核心是建立产品系统的输入和输出（即建

① Allan Astrup Jensen, Leif Hoffman, <Life Cycle Assessment——A guide to approaches, experiences and information sources>, European Environment Agency, Copenhagen, 1998: 51.

立清单）。通常系统输入的是原材料和能源，输出的是产品和向空气、水体以及土壤等排放的废弃物。

（3）影响评价。影响评价实质上是对清单分析的数据进行定性或定量排序的一个过程。过程分为三步即影响分类、特征化和量化。分类是将从清单分析中得来的数据归到不同的环境影响类型。影响类型通常包括资源耗竭、生态影响和人类健康三大类。特征化即按照影响类型建立清单数据模型。量化即加权，是确定不同环境影响类型的相对贡献大小或权重，以期得到总的环境影响水平的过程。

（4）生命周期解释。根据 ISO14043 的要求，生命周期解释主要包括三个要素，即识别、评估和报告。识别主要是基于清单分析和影响评价阶段的结果识别重大问题；评估是对整个生命周期评价过程中的完整性、敏感性和一致性进行检查；报告主要是得出结论，提出建议。

5.3 生命周期评价在酒店环境管理中的应用

5.3.1 酒店对环境的影响

酒店产品在经营过程中对环境会造成一定的影响，如图 5－2 所示。

5.3.2 生命周期评价对酒店环境影响的分析

生命周期评价法一般都用于生产的产品。但在 1994 年，英国航空公司曾尝试着用生命周期评价法分析旅游对 Seychelles 岛的影响。本章尝试着将生命周期评价用于酒店产品的环境影响分析之中。酒店作为一个服务产品，应用生命周期方法分析可以从以下四个生命周期阶段得出酒店产品的环境影响：设施的环境影响；运营的环境影响；使用的环境影响以及废物的环境影响。如图 5－3 所示。

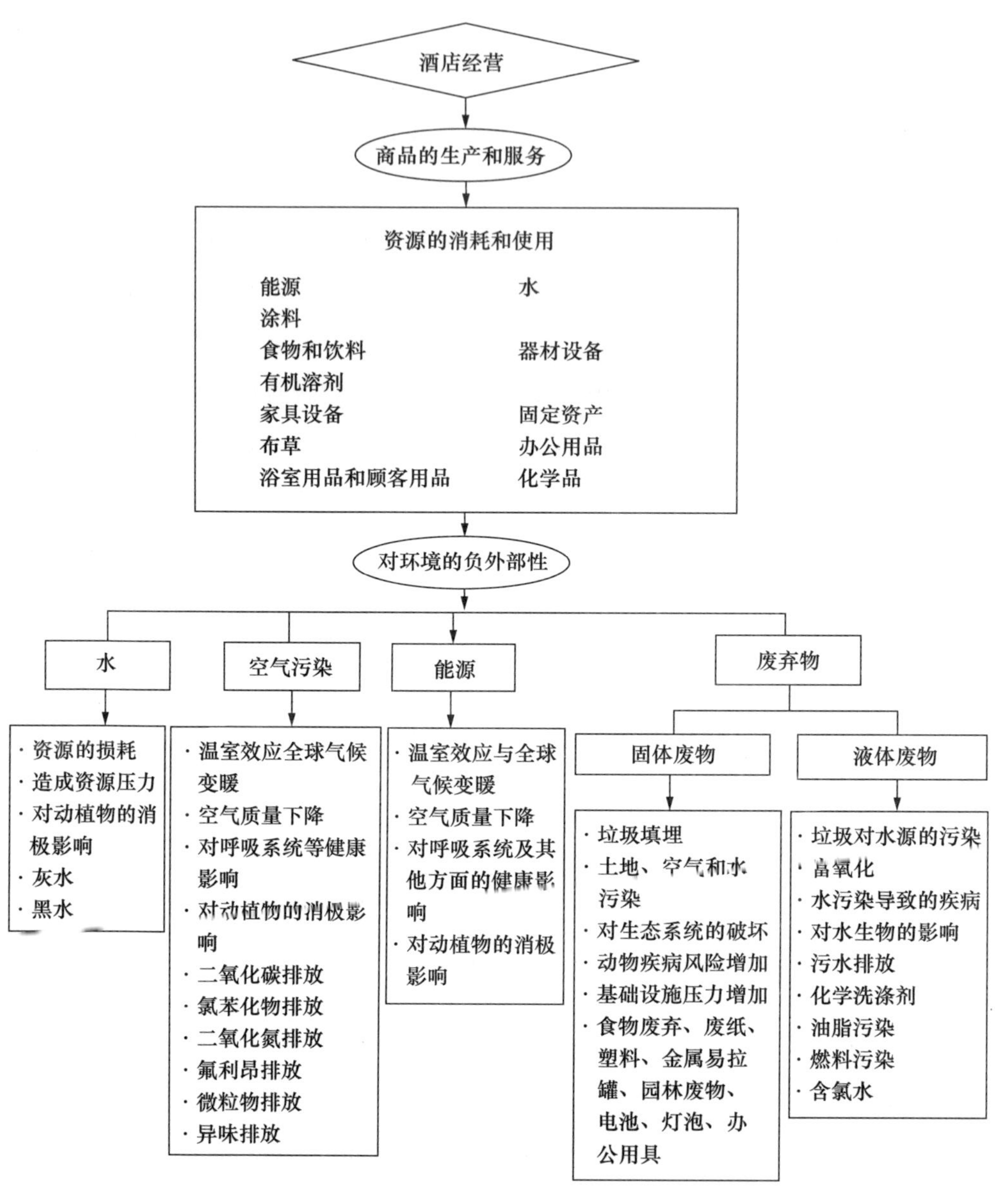

图 5-2　酒店产品对环境影响①

① Jackson, L. A. Toward a framework for the components of green lodging [J]. Journal of Retail and Leisure Property, 2010, 9 (3): 211-230.

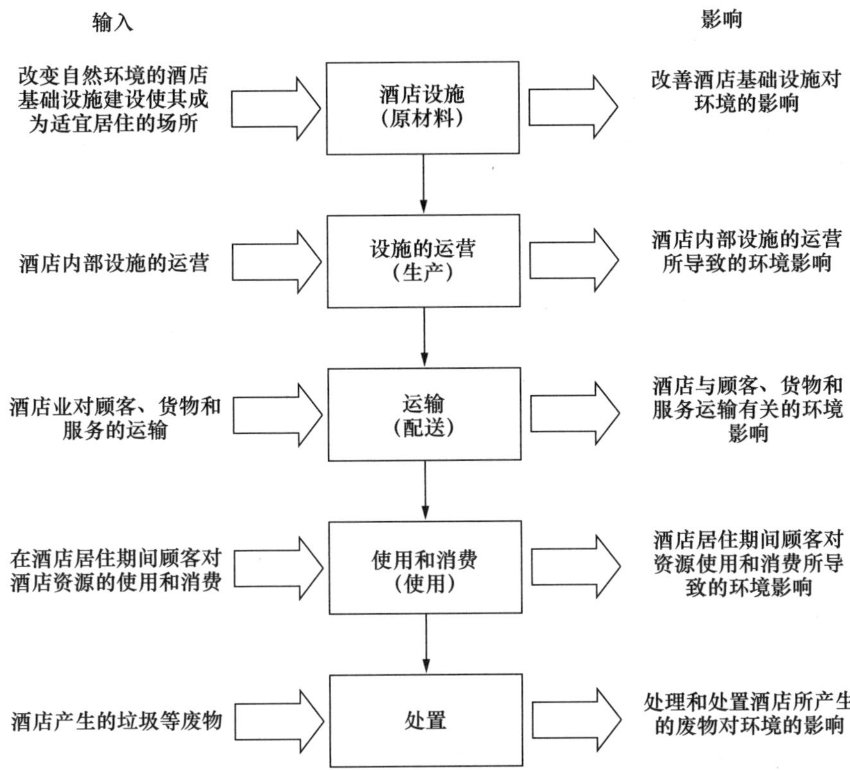

图 5－3　酒店服务产品的生命周期环境影响分析

5.4　酒店进行能源审计的内容

审计内容主要包括能源管理情况、用能情况及能源流程、能源计量及统计、能源消费结构、用能设备运行效率、综合能耗、能源成本、节能量、节能技改项目等。

能源审计级别大致有以下三种：

1. 初级审计

初级审计，是第一级别的审计，需要对使用能源的建筑和设施系统进行实地观察，包括分析能源账单来估计出公司的能源使用效率。第一级别的审计是审计的基础，同时也是结果最粗略的。

2. 标准审计

第二级别的审计是标准审计，通过工程计算和经济分析等详细分析和量化所建议采取的环保措施的能源使用与损失（通常是用投资效益比来表示）。

3. 计算机模拟

第三级别的审计是计算机模拟，通过分析企业能源使用模式，计算出不同功能区所使用能源的数量的信息，预测出能源使用过程中的风险和可靠的运营绩效。尽可能地按照这三个级别来使审计过程不断深入。

旅游管理部门要加强调研，定期收集整理旅游企业能耗数据，针对不同企业制定相应的节能减排目标，而且还要对酒店的节能减排工作进行年度考核。

要实施环境管理体系，制定出相应的管理手册，可用于酒店各部门所有服务过程的质量控制和环境管理中。酒店管理人员要明确酒店能源消耗监视和测量装置的管理环节，定期检查装置，确保能源监测的装置处于完好受控状态，保证所有设备的测量数据满足酒店规定标准。

5.4.1 对酒店的设施设备的审计

酒店硬件设施给顾客的体验是顾客能够接触的最直观的感受。酒店应大规模采用节能设施、设备。任何设备的引进都需对比能耗量、实际功率，对每一种设备的单位能耗量、计费标准，应在权衡设备投入使用的经济可行性与环境保护可行性后做出决定。具体审计以下几种设施：

（1）房卡：客房中房卡应设计成感应式房卡，无须24小时供电，仅仅是客人在客房需要时才供电，在客人离开客房立即停止供电。这样在很大程度上避免了客房内在无人使用的情况下仍然持续供电的浪费。

（2）空调：为节省能源，酒店应该使用中央空调，比起立式空调以及悬挂式空调，中央空调可以有效的扩大使用范围，节省能源。

（3）灯具：酒店的高耗能之一为电灯的使用，酒店大堂、会议室、餐厅以及客房等场所都需要安装照明设施，所以应选用节能环保型的灯具。

（4）冰箱：酒店在其厨房、客房以及餐厅等部门都会配置冰箱，而冰箱是否为节能环保型就会对酒店的耗电量以及冰箱带来的环境污染造成重要影响。

5.4.2 对酒店设施运营的审计

酒店在节电设备投入使用之后，可以通过限制设备运行的时间，多渠道分散能源载荷以及回收一次能源等方式达到节电管理效果。

（1）空调温度控制：在选用中央空调的前提下，酒店还应对空调温度进行控制，将空调的温度控制在一定范围内不高不低，尽量满足宾客的舒适度，而且也避免过度用电。

（2）照明开关控制：酒店在使用节能灯的前提下，对照明设施进行开关控制方式也是节约电能的一个有效途径。在停车场安装太阳能照明设施，则可以保证灯具仅在傍晚到黎明之间光线暗淡的时间段开启，白天日照充足的时间段内则可以节约耗电量。酒店建筑内部所有部门都应采用节能灯。节能白炽灯是酒店节约总耗电量的一个关键环节。

（3）不可再生能源控制：鼓励酒店的建筑广泛采用太阳能、风能和生物质能等新能源代替传统能源。特别要提出的是地热资源。地热能是矿产资源，宾馆可以地热采暖，宾馆对生活热水的需求量较大，由于地热供暖的尾水，温度比较适合生活热水的需要，且供应量较大，不再需要消耗常规燃料，这样不仅节约燃料又起到综合利用地热尾水的作用，可用在宾馆和餐馆等。为了保证水的温度也可以把加热设备设在用水点附近，用小型加热器为水加热，系统比较简单，造价也低，维护管理容易。如天津地热勘查起步早，利用大规模、有序管理，是我国地热资源的开发、综合利用和管理的主要大城市。许多宾馆采用地热尤其在天津的宝坻区。

（4）隔热保温控制：酒店在设计中还要考虑隔热保温材料的设计；采用新型墙体材料和环保装饰材料；饭店门窗和隔墙要有减少噪声的设计等。

5.4.3 对顾客产品使用的审计

酒店的设备设施是为顾客而准备，从顾客的入住到体验再到离开是一个生命周期的全过程，随着顾客环保意识逐渐增强，酒店每一部门的产品设计也要逐渐迎合市场大众的环境友好型消费需求，客房设计上应采用生态设计型产品。

如酒店客房采用感应式水龙头替换传统水龙头。普通的水龙头需要顾客手动操作，但有时当客人使用完毕却忘记关闭水龙头，就会产生浪费。酒店可以应用感应式水龙头，这种水龙头不仅节省了客人手动操作的时间，而且也有效地避免了由于水龙头长时间未关闭而浪费宝贵水资源。可以根据顾客自己的意愿对每间客房毛巾等洗浴用品来进行更换。

5.4.4 对酒店废物的审计

环境审计正在越来越广泛地实施。除了能源审计之外还包括水资源的利用、废弃物处置或废水输出，这些审计对酒店的绿色管理都是有益的，因为能够使酒店的管理者认识到他们的做法是否偏离环境法律的要求，并为其提供纠正这些偏差的可能性。如果对审计高度重视，并合理地实施，则可以推动酒店的环境保护项目的完成和改进其环境绩效。并有一种扩散效应，扩散在这里意味着公司员工对其所在酒店的环境管理体系以及环境意识的认同越来越坚定。

酒店对于废物的审计有利于酒店自身效益的提高，酒店废弃物的再利用中一个方面是对垃圾进行有效的分类收集，但从酒店自身的效益而言，更重要的是采取措施，减少垃圾，下面是一些可以采取的具体的做法：

（1）使用充电电池或无水银电池；

（2）用毛巾代替纸巾；

（3）不使用塑料包装；

（4）破损的毛巾、床单、桌布等可以当作备用的抹布；

（5）通过重复使用来降低新品的使用量；

（6）可行时，使用或卖掉有机废弃物；

（7）降低纸的使用量；

（8）使用有盖的容器以减少塑料的包装；

（9）用玻璃杯来代替塑料杯可以使用多次；

（10）循环使用杯、纸、纸板箱、塑料、金属、食品包装废弃物等；

（11）使用可清洗的杯子代替纸杯；

（12）把部分使用过的肥皂卖回给供应商重新制作；

（13）使用麦秆、碎纸或其他自然的、低档的材料做包装。

目前我国酒店之间的竞争也导致了酒店行业利润的微薄，因此酒店管理者也开始提出开源节流的思想，这一思想从宏观的角度来看是符合商业经营原则的，但在有限的条件下，想要有效控制浪费，目前的一些节能方法还是很难达到预期效果的，只有从源头上想办法，通过改造设备、应用新型高科技设备才能达到长期科学的节流目标。虽然每家酒店必须考虑到所面临的挑战和实施能源管理项目的成本，但是开展能源审计的成本投资是有所回报的。连续的能源价格上涨可以通过能源管理和审计所累计的利润所抵消，正如一个格言所描述的“投资是为了更好的赚钱”。酒店应制定一个合理的资金预算和明确的费用。此外，中小型酒店和接待业企业家可能会对使用免费的网上在线自我管理的能源审计（FOSEA）工具感兴趣，这个工具可帮助迎接能源审计的挑战，并降低成本。

利用信息技术，可以大大减少酒店业对环境的影响。自助在线工具支持酒店的审计业务，并促成明智的决策。除了用户可以免费使用外，FOSEA 工具背后的基本理念是酒店可以往在线工具中输入特定的数据，如入住率，能源使用，能源成本，维修建筑物所耗资源，减少能源消耗和提高可持续发展能力所做的努力。然后，该评估工具就算出了该酒店的能效和相应的酒店碳足迹。

5.5 能源审计实施的生命周期环境管理措施

5.5.1 设施环境影响的管理

酒店建筑、电灯、空调等设施的使用对气候变化会产生一定的影响。因此，酒店需要将更多的资金投入到太阳能控制系统、空调传感器、房卡开关和高效照明这四个方面。空调传感器和房卡开关能带来非常大的节约且它的投资回报周期在三年以内。国外学者的研究表明：小型荧光灯（日关灯）与发光二极管（LED 灯）要比传统的灯泡少消耗 75% ~80% 的能源，而且使用寿命是传统灯泡的 10~25 倍，每间客房的房卡系统的成本是 21 美元，假设有 1/3 的房客在离开房间时忘了关掉主开关，那么它可以为每间客房带来 0.3 美元的节约，这使得它的投资回报周期为 70 天。[①]

---

① Chan. W. W., Environmental measures for hotel's environmental management systems ISO14001 [J]. International Journal of Contemporary Hospitality Management, 2009, 21 (5): 542-560.

由 Fairmont 酒店及度假村所管理的 Savoy 酒店在伦敦拥有 268 间客房及套房，在耗费 2 亿 2 千万英镑翻新之后于 2010 年重新开张。这家酒店现在 50% 的电力需求通过它的热能发电站提供。270 万英镑的投资有望在五年内收回。用来回收厨房所产废热的热交换器被安装在制冷装置上，并利用回收到的废热来对水进行加热。酒店将浪费的食物和废料扔进生物能源装置，用来发电。这些行为每年节省了 22000 英镑的开支以及每年减少了 11 吨的二氧化碳排放。①

金奈左拉饭店通过它的 1260 万瓦特的风力发电站来满足它所有的电能需求。它的玻璃窗、隔热屋顶以及复合材料的墙壁，均满足了美国冷暖空调工程师协会及埃奇伍德化学生物中心所设立的标准。酒店的室内环境通过设计好的供暖、流通及空调系统来管理，可以实现 20% 的能源效率。利用完整的建筑管理系统和二氧化碳传感器来调节空气的新鲜度，可以最大限度地提高顾客的舒适感，同时带来能源的节约。酒店通过智能服务系统来为顾客提供定制化的房间环境。酒店安装高效能锅炉，以减少氧气及燃料的消耗。太阳能集中器可以提供 1/4 的热水需求。通过预设的照明管理来控制公共区域的氛围灯光。厨房的制冷可以用水冷来代替空气制冷，以节省能源。用喷气式的空气流通器来代替地下室中的管道运输方式的空气流通起，以节省能源。②

5.5.2 运营环境影响的管理

运营的环境影响主要包括酒店能源的消耗以及水的浪费等。酒店能耗费用是酒店主要支出费用之一，因此，节能降耗是酒店盈利的一大举措，是酒店运营的必然走向。同时对用水设备的日常维护和管理也应加强。

法国雅高集团在全球拥有独特的酒店市场地位，素以为商界和休闲服务市场提供一系列大众化及著名品牌酒店而负盛名。在 92 个国家拥有 4426 家酒店以及 531714 间客房，从经济型连锁酒店到豪华酒店，雅高集团为满足不同需求层次顾客的需要而提供了全方位的酒店服务。2012 年，雅高集团制订了“PLANET

---

① Green Hotelier (2012) LEED Platinum: ITC Grand Chola (online) (cited 16 June 2013) Available from < http: //greenhotrlier. org/our – themes/new – builds – retro – fits/best – practice – itc – grand – chola/ >).

② IT CHotels (2013) Responsible Luxury (online) (cited16June2013) Availablefrom < http: //www. itchotels. in/itcgrandcholanew/responsibleluxury. html >.

21”的可持续发展计划，该计划包括7大方面，21项承诺，覆盖了92个国家。通过该计划，雅高集团分别从健康、自然、低碳、创新到促进当地社区的发展几个维度做出了承诺。雅高集团在设施的使用上有23%的酒店运用了生态设计客房用品，2011～2014年降低了4.5%的能源消耗，节约了5.6%的水量。而希尔顿在五年期间从2009～2014年，二氧化碳和废弃物排放量降低了20%，水的使用量也减少了10%。

有1000间客房的洛杉矶机场万豪酒店，在它的设施上全面使用了全过程调试工程。这个工程的想法是由内部的工作人员和工程师提出来的，并由区域工程副总裁领头，同时与外部的专家进行了咨询来完成。每间房间进行这个项目的成本是125美元，换算成酒店面积就是每平方英尺的成本为22美分。能够开发这项独家技术的自家团队也可以受其他企业的雇佣。这个项目团队建议酒店改变自身的空气管理设备、水冷设备以及其他各项设备。实施建议的17种措施的平均成本是7500美元，并且这笔投资的投资回报周期在一年之内。单独改变空气管理设备就可以带来30%的节能效果。通过实行这些建议，酒店每年可以节省153000美元的开支。①

5.5.3 使用环境影响的管理

入住酒店后，顾客开始享用酒店的资源并进行消费。对此阶段的环境管理尤为重要。雅高集团在设施的使用上有23%的酒店运用了生态设计客房用品，89%的酒店内部还使用贴有生态标签的产品，当顾客入住使用时，可以起到提醒顾客在使用酒店资源时尽量做到不浪费的作用。这些做法都能够降低酒店给环境带来的副作用。

国内本土酒店天津水晶宫，自2007年以来，为响应市政府和集团应对气候变化要环保节能的号召，水晶宫饭店结合自身经营实际，上下积极行动，坚持进行绿色管理，在减少碳足迹以及节能降耗方面取得了明显的成效。对水能源进行监测与管理，工程运行组的师傅坚持每天到各楼层进行温度测量，根据楼内的实际温度来调节冷冻机组、冷却泵、冷冻泵的开启台数（冬季是热循环泵），从而

① ENERGY STAR (2007) ENERGY STAR Building Upgrade Manual Chapter12: Hotelsand Motels (online) (cited9June2013) Availablefrom <http://www.energystar.gov/buildings/sites/default/uploads/tools/EPA_BUM_CH12_HotelsMotels.pdf?5eca-3023>.

进行控制水和燃气的用量；对电能源进行监测与管理，酒店能够灵活控制开关灯的时间，由值班师傅根据天气的变化自行控制开关灯时间。具体措施是将客房楼道照明灯电路开两路改为开一路，从而达到既满足客人的需要也节约用电的要求，各种措施的采取每年可节约用电40万度；在节约燃气方面，对天然气能源的使用进行监测与管理，酒店内所有部门都进行整改，从细节入手。如酒店锅炉工白天操作为自动设置，到夜间就会将自动操作改为手动操作；各个厨房的厨师也积极响应节能号召，在不炒菜的情况下关闭火种；工程维修人员拆修洗衣房凝结水泵、疏水器，杜绝蒸汽的跑冒，回收凝结水，充分利用能源。

5.5.4 废物环境影响的管理

酒店所产生的废物分为废水、固体废弃物。酒店在实施废弃物管理时首先要从废弃物的清查开始，要对饭店产生的废弃物的数量和种类进行评估。在评估时，饭店一般都愿意从“输入”，即从物品的领用开始调查，这可能会导致最后结果的偏差。做评估时，必须直接对垃圾进行计量、分类，与之前的领用数据、根据营业额计算的理论数据进行比较，才能知道被无效废弃的物品的量。然后再调查，在被使用的物品中有多少量是有可能减少的，这要通过对各道工序进行分析才能获得。在这项分析中还要注意区分转化为产品的原料的量和为生产而使用的物品的量，分析它们使用的合理性。在2011～2014年，雅高集团旗下酒店其中79%的酒店都在实施废物回收；希尔顿从2009～2014年，五年期间二氧化碳排放量和废物产生量降低了20%。

5.6 假日酒店的绿色环球21绩效达标评价

假日酒店（The Vacation Hotel）的年度评价是基于绿色环球21的地球评分达标评价指标基础上的①。其评价指标如下（见表5－1），是经过仔细的筛选用

① Benchmarked Assessment Report, Accommodation Benchmarking, The Vacation Hotel Brisbane, Australia, Report Date: 21 November 2006, Benchmarked Certificate expiry: 13 November 2007, benchmarking period: 1 january2005—31 December 2005, Assessment Conducted by Earthcheck.

来考察关键领域的环境和社会绩效影响。报告的结果被用于地球评分来评估酒店的运营是否达到使用绿色环球达标标志的标准。

表 5－1 基于绿色环球 21 的地球评分达标评价指标

地球评分指标	每年标准
1. 可持续政策	政策的产生和实施
2. 能源消耗	能源消耗（兆焦/间·夜）
	可再生能源消耗（%）
3. 水消耗	使用的水（升/间·夜）
	可回收的占全部使用的水的百分比（%）
	节约的水（清单评级）
4. 送到垃圾填埋场的废物	填埋的垃圾（升/间·夜）
	可回收的/可重复利用的占全部废物的百分比（%）
	废物回收（清单评级）
5. 社会责任	当地就业（生活在 20 千米以内的员工/总员工）
	社会贡献（清单评级）
6. 纸制品	使用的纸制品类型（清单评级）
7. 清洁用品	使用的清洁用品类型（清单评级）
8. 农药产品	使用的农药产品类型（清单评级）

5.6.1 住宿业的绩效评价指标

5.6.1.1 可持续政策实施★

5.6.1.2 能源消耗

能源消耗/间·夜×

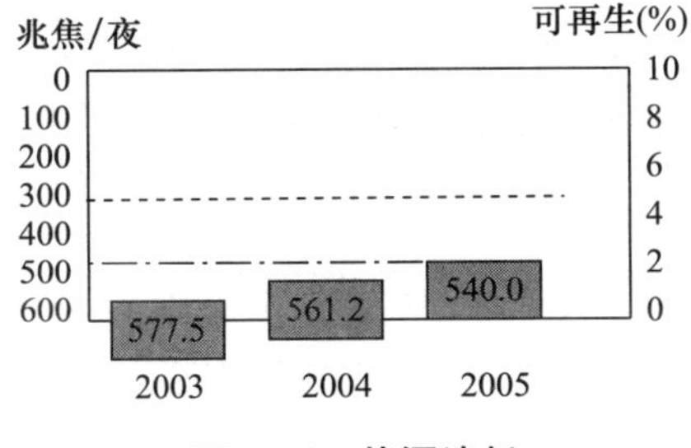

图 5－4 能源消耗

假日酒店2005年（1/01/05—31/12/05）每间·夜消耗540兆焦低于基点水平13%。

5.6.1.3　水消耗

水消耗/间·夜√

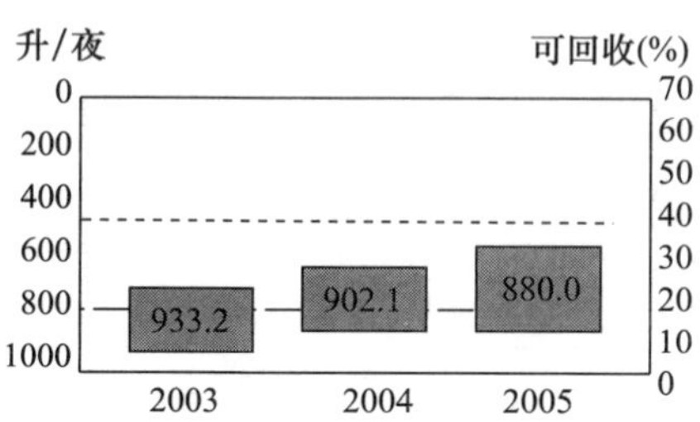

图5-5　水消耗

假日酒店2005年（1/01/05—31/12/05）每间·夜消耗880升优于基点水平2%。

水节约★

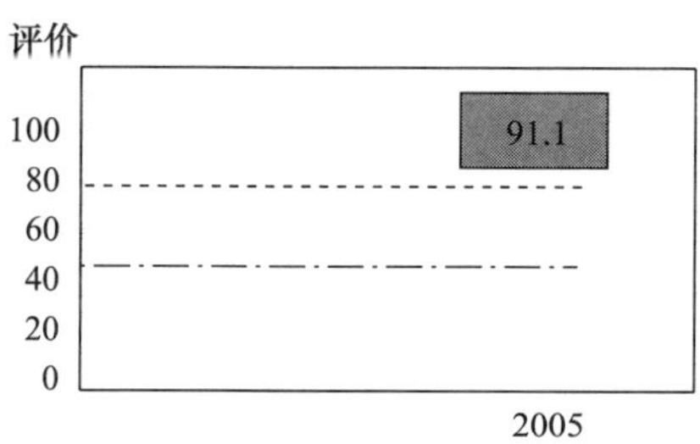

图5-6　水节约

2005年（1/01/05—31/12/05）水节约清单评价高于最佳实践水平16.1点。

5.6.1.4　送到垃圾填埋场的废物

填埋的垃圾/间·夜★

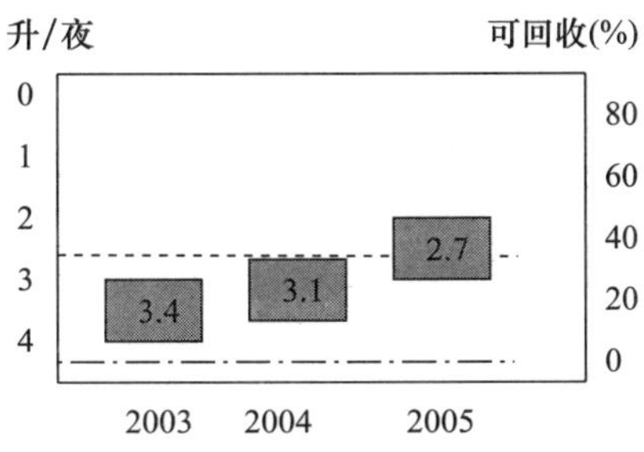

图 5-7　填埋垃圾

假日酒店 2005 年（1/01/05—31/12/05）每间·夜产生 2.7 升优于最佳实践水平 4%。

废物回收★

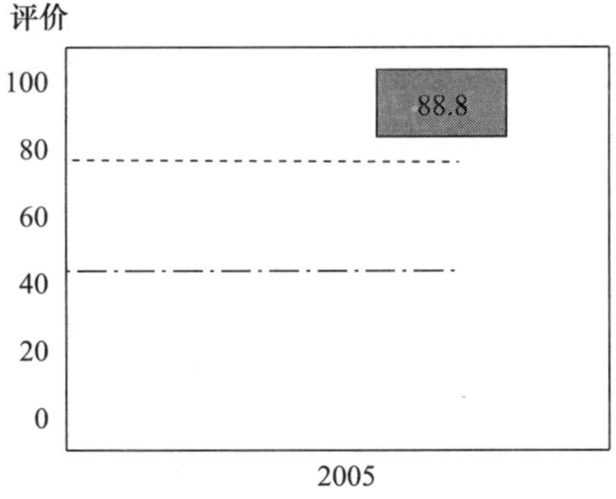

图 5-8　垃圾回收评价

2005 年（1/01/05—31/12/05）垃圾回收清单评价高于最佳实践水平 13.8 点。

5.6.1.5　社会责任

生活在20千米以内的员工/总员工√

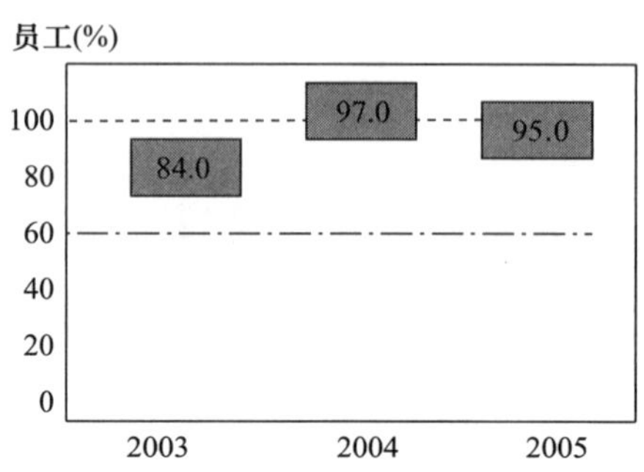

图5-9　社会责任

2005年（1/01/05—31/12/05）社会责任高于基点水平58%。

社会贡献★

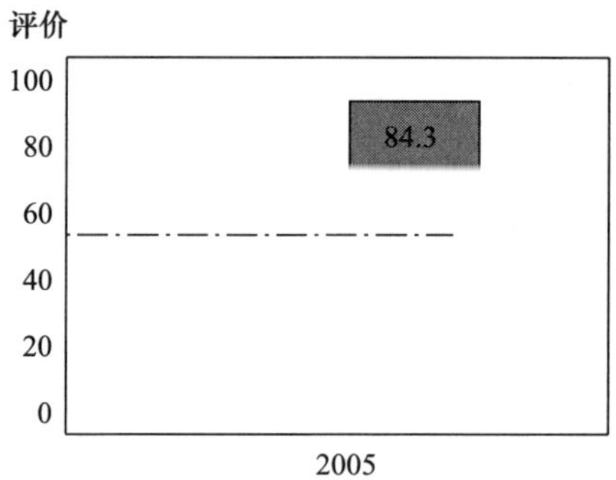

图5-10　社会贡献评价

2005年（1/01/05—31/12/05）社会贡献清单评价高于最佳实践水平9.3点。

5.6.1.6　纸制品

使用的产品类型√

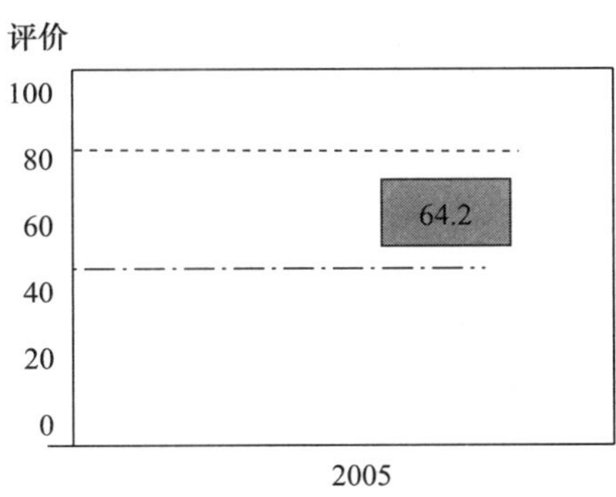

图 5－11　纸制品评价

2005 年（1/01/05—31/12/05）纸制品清单评价优于基点水平 14.2 点。

5.6.1.7　清洁用品

使用的产品类型√

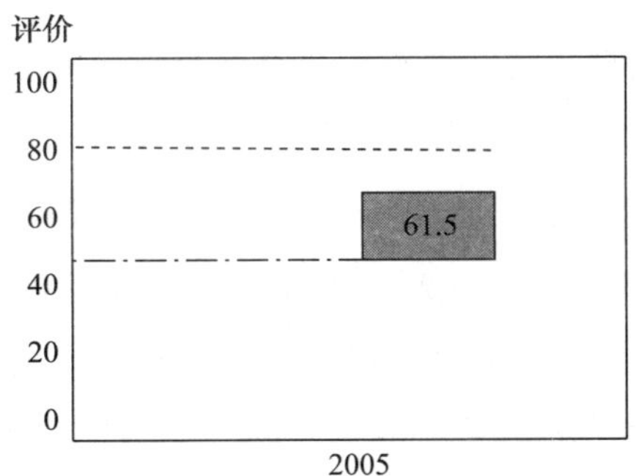

图 5－12　化学产品评价

2005 年（1/01/05—31/12/05）清洁用品清单评价优于基点水平 11.5 点。

5.6.1.8 农药产品

使用的产品类型√

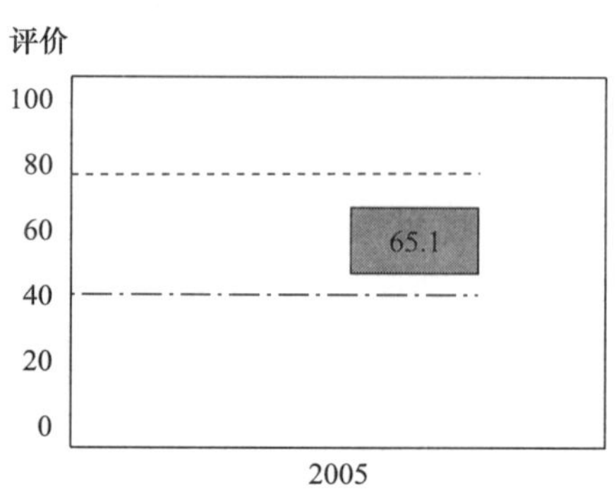

图 5-13 农药产品评价

2005 年（1/01/05—31/12/05）农药产品清单评价优于基点水平 15.1 点。

注：绩效水平：基点实践水平—·—·—最佳实践水平----------

当前成绩：低于基点× 出于或高于基点√ 出于或高于最佳实践水平★

结论：有九个地球评分的指标在基点实践水平之上。从提供的达标数据看，有四个指标，水节约、送到垃圾填埋场的废物、废物回收和社会贡献在最佳实践水平之上，是一个值得高度赞扬的杰出成就。有一个指标在基点实践水平之下，就是能源消耗，低出基点实践水平的 13%。

假日酒店被鼓励回顾所有现存的能源消耗并且需要在设备（如使用低功率、能源节约的照明装置及关灯的计时器）和工具（如减少旅行的数量）方面的模式。

5.6.1.9 假日酒店提供的达标数据总结

表 5-2 假日酒店提供的达标数据

活动措施					
间·夜	113045				
能源消耗			社会责任		

续表

	指标			指标	
供应	61044300	兆焦	供应	95	%
计算	540.0	兆焦/间·夜	基点	60	%
基点	480	兆焦/间·夜	最佳实践	100	%
最佳实践	336	兆焦/间·夜			
				清单	
可再生	5.4	%	评价	64.2	
			基点	50	
水消耗			最佳实践	75	
	指标				
供应	99479600	升	纸制品		
计算	880	升/间·夜		清单	
基点	900	升/间·夜	供应评价	64.2	
最佳实践	650	升/间·夜	基点	50	
			最佳实践	75	
可回收/重新利用	61	%			
			清洁产品		
	清单			清单	
供应评价	91.1		供应评价	61.5	
基点	50		基点	50	
最佳实践	75		最佳实践	75	
送到垃圾填埋场的废物			农药产品		
	指标			清单	
供应	305	立方米	供应评价	65.1	
转换	305000	升	基点	50	
计算	2.7	升/间·夜	最佳实践	75	
基点	4	升/间·夜			
最佳实践	2.8	升/间·夜			
回收/重新使用	81	%			
	清单				
供应评价	88.8				
基点	50				
最佳实践	75				

5.6.2 基点和最佳实践水平判定

5.6.2.1 一般

每个指标基点和最佳实践水平的价值来自对适宜的案例，工业调查，工程设计手册，能源、水和废物审计，以及天气和地理条件的广泛的全球性研究。

人均能源使用，温室气体和其他排放物，垃圾填埋和水污染方面的国家和地区的数据，不仅可以为每个顾客或员工期望的绩效价值提供适宜的背景数据，也可以提供达标评估公司总的绩效水平。这些数据用于衡量公司所在地的地区和国家状况以及环境绩效水平，并且得到期望公司达到的合适的水平。

达标结果处于或高于基点实践水平表示所用的公司的利益相关者都优于平均绩效水平。低于基点实践水平表明公司可以并且应该采取行动使绩效水平得到有益的改进。

5.6.2.2 气候的考虑

在某些部门能源消耗的主要决定因素在于公司所在地的重要的气候条件，特别是那些建筑物如住宿、客户中心和行政办公室。简而言之，维护相同的室内舒适水平，在炎热或寒冷气候的公司将比在适宜气候的公司消耗更多的能源。

类似地，人们认为在某些部门饮用水浪费的主要决定因素是公司所在地的气候，特别是对于那些具有大面积土地或明显以水为基础的设备和活动。

位于炎热气候的公司比寒冷气候的公司可能消耗更多的饮用水。因素可能导致更高水平的饮用水消耗，例如在住宿部门，包括游泳池、个人浴池以及有灌溉要求土地的蒸发率增加。考虑到这个因素，基点和最佳实践水平根据国家的位置可以进行变化。

5.6.2.3 送到垃圾填埋场的废物

达标指标用于测量被装入以升为体积计量单位的废物容器中的固体废弃物（送至垃圾场），并且发现大部分的测量没有机会获得处理材料的重量。然而，如果提供了重量，标准因素用于把重量转换到体积（如升）。这些是 300kg/m^3 未压缩的废物或 650kg/m^3 轻压缩的废物。

当向地球评分提交数据时应该记下压实的水平。

5.6.2.4 绩效水平回顾

作为地球评分的基点和最佳实践水平被不断地回顾并且可能随着时间的推移而改变。国际专家团队所作的回顾考虑实践、工具和设备中照旧的改变，以及绩效和程序中的规则和一般的改进趋势。这种回顾被用于更新基点和最佳实践水平，并且为指标的使用者提供有效的反馈。

下列概括用于决定地球评分指标的基点和最佳实践水平的基本通用规则：

（1）如果相关企业部门的个别案例研究不适用于实际部门的活动类型，那么国家平均值将被用于确定基点水平。在这一案例中，最佳实践水平将被定于最少优于基点水平 30%。

（2）如果案例或国家数据不适用于个别指标，那么达标的第一家企业将把它的成绩定于高于基点水平 15%（如在基点和最佳实践水平的中间位置）。

结语

酒店行业已经逐渐进入微小的利润时代，酒店的管理者们也开始意识到节约能源降低碳足迹所带来的经济效益。酒店的可持续管理应提倡节能环保技术的采用、酒店的绿色设计以及绿色能源稳定而有效的使用。同时，酒店的材料选择以及设备的定期维护等都是十分必要的。能源审计将会有助于酒店了解到实施节能降耗的实际成效。

第6章　旅游交通审计

旅游交通，从广义角度来说，是一种为旅游者提供直接或间接交通运输服务所产生的社会和经济活动；从狭义角度来说，是指为旅游者在旅行游览过程中所提供的交通基础设施、设备及运输服务的总称。[①] 它具有两个明显的特征，即交叉性和共享性。交通设施是旅游业的重要组成部分和旅游完成的充要条件。若使地区旅游业健康发展，就应当在符合当前和未来技术与旅游需求的前提下，合理规划和建设交通基础设施。旅游客源地、旅游目的地和旅游交通三者是相互联系、相互影响的，旅游交通作为旅游目的地和旅游客源地之间的重要纽带，促成了旅游者和信息在旅游目的地和客源地之间的流动，使旅游客源地与目的地之间发生相互作用，由此带来旅游客流的产生和增加。[②] 包括公路、轨道交通、邮轮及航空等形式在内的旅游交通状况是一个国家或地区旅游业发展的重要标志之一，旅游交通与旅游资源、旅行社和旅游接待设施一起被认为是构成现代旅游业的四大支柱，随着旅游事业的蓬勃发展，其经济价值不断加大。但是，旅游交通是旅游业能源消耗和二氧化碳排放最多的环节[③]，这些大型交通基础设施的建设也必定会给生态环境和空气质量带来一定的影响，因此，对交通的环境进行环境管理和环境审计是非常必要的。

自进入2013年以来，我国中东部地区尤其是北京、天津、石家庄等城市，都笼罩在浓浓的雾霾当中。[④] 中国环保部公布的数据显示，2013年第三季度，在

---

① 万方秋，唐左．珠海与港澳旅游交通合作探讨［J］．特区经济，2007（11）：189－191.

② 熊继红，代义军．武汉城市圈旅游交通发展战略探讨［J］．特区经济，2006（6）：132－133.

③ 肖建红．区域骨干交通工程建设对海岛旅游交通及其碳排放影响评估——以浙江舟山普陀旅游金三角为例［J］．旅游论坛．

④ 新华网，多地雾霾：大雾缘何变“毒气”？［EB/OL］．2013－01－13. http：//news. xinhuanet. com/local/2013－01/13/c_ 114348935. htm.

中国74个城市中，有70个出现污染天气，15个城市达标天数比例不足50%，在京津冀一带，严重雾霾污染频频造访，几乎成为人们生活的常态。① 另外，从11月底开始，华北中南部、黄淮东部、江淮、江南东北部等地继续出现雾霾天气，被称为“雾锁长三角”的空气污染情况更令人担忧。早在2012年末，环境保护部正式发布的《2012年中国机动车污染防治年报》，公布2011年全国机动车污染排放状况。年报显示，机动车污染已是造成灰霾、光化学烟雾污染的重要原因，这也意味着，机动车污染事实上已经成为我国城市灰霾天气的主要来源。② 更有文章指出，现如今机动车发展的迅速壮大及其所产生的交通堵塞，给大气污染和人类健康都带来了巨大的危机。③ 在此背景下，由雾霾天气引发的对环境污染防治的讨论也成为一个热点话题。发展节能与新能源汽车是降低汽车燃料消耗量，缓解燃油供求矛盾，减少尾气排放，改善大气环境，促进汽车产业技术进步和优化升级的重要举措，同时对道路交通的环境管理与环境审计也势在必行。

6.1 旅游公路审计

6.1.1 旅游公路概念

旅游公路是通往旅游区和旅游区内连接各景点，能够满足游客的审美要求并为其提供符合生理、心理需求的服务设施、旅游信息等需求且整体美观、管理有序的公路。传统的“旅游公路”基本上是从“交通功能”的角度进行理解和阐述的，把其看作是单纯的运输通道，其范畴基本包括旅游景区内的道路或通往旅游景区的公路两大类。现代“旅游公路”应从“价值和功能”复合

① 中国新闻网中国雾霾天气近常态化，发展新能源汽车迫在眉睫［EB/OL］.2013-11-07. http：//finance. chinanews. com/auto/2013/11-07/5476706. shtml.

② 机动车成空气“杀手”［EB/OL］.2012-12-31. http：//news. 12371. cn/2012/12/31/ARTI1356901352598186. shtml.

③ Zhang K.，Batterman S. Air pollution and health risks due to vehicle traffic［J］. Science of the Total Environment，2013（1）：307-316.

角度对其定义更科学、合理，因为近年来随着“旅游”的内涵和旅游方式的不断发展与完善，旅游公路所蕴含的审美价值越来越受到人们的重视，旅游公路已经不仅仅是作为简单的“运输通道”存在，更重要的是它们自身就是景区的有机组成部分，已经融入旅游资源中，甚至部分公路本身已经成为新的旅游资源，实现了旅游公路向公路旅游的转变。对于旅游这一新型环保的产业发展，公路交通起着必不可少的辅助作用，公路交通具有灵活、快速、方便、直达的优越性，旅游人数不断增加，公路交通的运输需求也在不断增大和提高，这对公路交通和旅游的发展提出了更高的要求，旅游公路的作用和地位日益凸显。

6.1.2 旅游公路的作用

6.1.2.1 旅游公路是体现旅游服务业质量的窗口

旅游业是典型和成熟的服务产业，旅游公路正是交通运输业与旅游服务业的交集之所在，所以做好旅游公路的规划和建设不仅能促进旅游业的发展，同时也体现了交通运输向现代服务产业的转型，是宣传和示范旅游业服务质量的窗口。

6.1.2.2 公路的完善有助于打破旅游资源开发的“瓶颈”

公路对于旅游资源的开发起着举足轻重的作用。有些地方自然风景虽然十分优美，但由于交通不便，偏处一隅，不为人所知，更谈不上有大批旅游者前来观光了。由于没有顺畅的道路，一些自然资源和人文资源都十分丰富的地方得不到应有的发展，尤其是我国西部地区潜在、待开发的旅游资源更是不胜枚举，而这些旅游资源开发的制约“瓶颈”往往都是公路交通不顺畅，因此发展包括旅游公路在内的各类交通运输，将有力地促进新的旅游资源的开发。

6.1.2.3 旅游公路是旅游资源的重要组成内容

旅游公路是旅游资源的重要组成内容，或成为新的旅游资源。旅游公路的审美价值其实也是一种重要的旅游资源，当人们乘车或驱车行驶在一个风景优美的的景区内时，旅游公路优美流畅的线形、自然和谐的公路构造设施、清晰独特的各种交通和旅游信息标志无不与周围的景观融为一体，成为游客眼中一道亮丽的风景线，这时路与景达到了高度的统一，公路的旅游价值得到充分的体现。同时一些非景区公路由于环境优美、审美价值突出而可能成为新的旅游资源甚至重点景区。

6.1.3　旅游公路特点

6.1.3.1　安全性

尽管安全始终是使用者对公路的最基本要求，但相较于普通公路，旅游公路对安全性的要求更高、更突出。尤其是在目前国内以旅游团为主要出行条件下，旅游团队最主要的交通工具是旅游大客车或中巴车，加之多数景区处于山区等地貌复杂地区，公路技术等级较低，稍不注意就会酿成群死、群伤的恶性交通事故，如果涉及境外旅游团还会带来较恶劣的国际影响，所以旅游公路的安全性要求更加突出。

6.1.3.2　游览性

旅游公路区别于普通公路的根本在于其“审美”要求，即在满足交通廊道基本功能的前提下，应尽可能地满足旅游者沿途的审美要求，所以旅游公路应具有明显的游览性，无论是景区内连接各景点的公路还是通往旅游景区的公路往往都是处于风景、风情特色浓郁的地区，旅游者在豪华的旅游客车或私人汽车中就可以欣赏公路沿途的美景，使旅游的愉悦性从景区内延伸到旅途中。

6.1.3.3　舒适性

与普通公路相比，旅游公路更注重舒适性，旅游者的出行目的不仅仅满足于景区。对于旅游者来说，旅游是一种文化需要，使超越了对衣、食、住、行等基本生活条件的需求之后的一种享受需求。

6.1.3.4　季节性

旅游资源尤其是自然性旅游资源受季节影响比较明显，形成了旅游的淡、旺季交替的规律，一年之中乃至一天之内，公路旅游客运随着季节和时节的推移而发生明显的、有规律的变化，具有较强的季节性。

6.1.3.5　区域性

不同区域由于自然环境和人文影响的不同，带来了旅游公路的不同特点，掌握好这种宏观区域性对于塑造个性化旅游公路是十分重要的。

6.1.4 旅游公路规划设计要点

6.1.4.1 规划应具有前瞻性和系统性

首先，旅游公路的规划应充分考虑与相关旅游资源规划的配合。其次，应进行不同层面、等级和专题内容的规划，发挥不同规划的功能，并使其协调统一。再次，具体的规划应考虑路网配合，干线与支线相结合，尽量形成环线，避免游客走回头路，提高旅游效率。最后，应考虑不同旅游方式的前瞻性规划。

6.1.4.2 加强对旅游资源及环境的保护和利用

旅游资源是旅游公路存在的基础，旅游公路设计时应把对旅游资源和环境的保护放在首要位置，应该把“不破坏就是最大保护”的理念贯穿于旅游公路设计的全过程，首先应该树立保护的意识，大多数旅游资源是不可再生的，不能因为公路建设而造成对旅游资源的破坏，对于沿线的一草一木都应以一种“敬畏”的态度来对待。其次是在保护的基础上对沿线的景观资源进行合理利用，形成独具特色的公路景观资源。

6.1.4.3 公路设计应突出景区特色

景区特色是旅游公路设计的灵感源泉，能与景区特色完美结合的公路设计作品必将成为吸引游客的亮点。为此，公路设计应尽可能地贯彻“灵活设计和创作设计”的理念，把拟设计的公路工程看作是所处景区或环境的有机组成部分，尽可能创造性地采取技术措施弱化公路工程的人工痕迹，使公路融入环境中。并充分挖掘景区特有的地域特色，提炼地域文化精华，将其恰当地体现在设计中，充分营造富有地域特色的公路景观。

6.1.4.4 结合总体设计做好安保工程设计

安全性是旅游公路重要的属性之一，对于大部分旅游公路尤其是山区旅游公路而言，由于受保护景观资源等因素限制，不可能采用较高的技术指标，这对行车安全是不利的，为弥补技术指标过低而带来的可能的交通安全隐患，应加强对旅游公路的安保工程设计工作，如防护措施、交通标志、标线的设置等，同时应注意安保措施与整体环境的协调问题。

6.1.4.5 提供尽可能完善的配套服务设施及旅游信息

目前国内旅游业与国外发达国家旅游业的差距很大程度上体现在服务方面，

旅游公路也是如此，国外发达国家在旅游公路的信息指示、提供方面无微不至、精细入微，处处体现了“以人为本”的原则，今后国内旅游公路设计也应该加强对相关配套交通信息、旅游信息、天气信息等信息设计，同时为满足旅游者尽可能方便地欣赏公路沿途美景的需要，旅游公路应尽可能考虑设置一些观景台、休息区，最大限度地满足游人休息、观景的需要。

6.1.5 旅游公路环境影响特点

6.1.5.1 环境污染呈现点线分布

公路工程引起的生态环境破坏主要表现在改变原有的生态系统（农业、森林、草原、湿地、荒漠等），占用大量土地；破坏地表植被，引发土壤侵蚀（水土流失），改变地下水流向，或使地表水资源漏失，造成生境切割、阻隔，影响野生动物的迁徙及栖息，影响行洪滞洪，破坏风景名胜区景观或文物古迹。对环境的污染主要是运营期交通噪声，是流动污染源，服务区污水和锅炉排气向环境中排放污染物，为固定污染源。从破坏和污染的范围、规模、程度方面分析，生态环境的破坏要大于且重于对环境的污染。

旅游公路以“线”的形式受到环境影响，但从出现的频率及影响的程度评价来看，“点”的环境影响是主要的。“点”可解释为工点和敏感点，线路上主体工程的跨河特大桥、大桥，长大隧道、深路堑、高路堤，不良地质和特殊地质工点，沿线的特殊环境功能保护区，诸如自然保护区、风景名胜区，文物古迹和人文古迹，温泉、集中式饮用水源保护区，以及噪声振动敏感建筑区，非主体工程的大型取弃土（渣）场，砂石料厂，特大桥、大桥、隧道的施工营地场地，公路沿线设施等，均以“点”的形式对环境产生影响。山前、平原的泄洪区段，有受国家保护的濒危珍稀野生动物出没、野生植物分布区段的路基工程，全线占用的基本农田、水保设施、滩涂湿地、草地草场和破坏植被（砍伐树木）等是以“线”的形式受到环境影响。

6.1.5.2 施工期以生态破坏为主

建设项目的工程行为集中在施工期，工程量大，施工期长，具有季节性的要求，表现形式是路基的开挖填筑、桥梁隧道的修建及大型临时工程的实施。对生态环境的破坏主要是占用土地、砍伐树木、取土、弃土、生境阻隔、影响景观等。施工期对环境的污染多集中于特长隧道和特大桥等大型工点，重点工段的施工营地、场地排放的生产、生活污废水，施工机械的废气，噪声振动及生活垃圾、生产废物。

6.1.5.3 运营期以环境污染为主

公路建成投入运营后，所排放的污染物或对环境造成的有害影响的数量、浓度、强度，一般是随交通量的增长呈现出逐渐上升的态势。由于外部环境的变化，如环境功能区的改变、排放标准的提高、线路两侧土地的开发利用，导致公路运营对环境污染程度加剧，影响范围扩大。

6.1.6 旅游公路环境审计

对旅游公路的环境审计主要从社会影响、农业生态影响、自然生态影响、水土流失和地质灾害影响等几个方面进行审计，如表6－1所示。

表6－1 旅游公路环境审计项目和内容

环境审计项目	审计的主要内容
社会影响	拆迁安置状况与生活环境改变
农业生态影响	占地类型与数量，占用耕地和基本农田的多少，占地或排污造成的农业生产损失（数量、质量）
自然生态影响	主要受影响的自然生态系统类型（森林、草原、荒漠、湿地等），分布及影响性质、程度 主要受影响的野生动植物及其栖息地，尤其是珍稀动植物及其栖息地 自然生态系统整体性影响（分割、阻隔）及其环境功能影响（结构、功能） 生态敏感区影响（重要性敏感区、脆弱性敏感区）
水土流失和地质灾害影响	是否会影响土壤质量？ 对所在地区的土壤或地质是否加强或降低其稳定性？ 是否造成水土流失或浪费土地资源？ 有无生产特大自然灾害的危险，例如，诱发泥石流或其他灾害？
声环境影响	交通量增加是否引起地区噪声明显增加？ 交通噪声对周围地区的影响，是否会超过其所在功能区的标准？

续表

环境审计项目	审计的主要内容
水环境影响	向水体中排放什么污染物？性质、数量、浓度如何？ 是否影响纳污水体的水质，影响程度如何？ 是否影响地下水水量、水质，是否致使地下水水位下降？ 是否对海洋产生污染？ 是否对水体中的鱼类、水生生物或植物产生影响，影响程度如何？ 是否改变河水的流量，影响河道泄洪和航运？
环境空气影响	是否向大气中排放污染物，排放何种污染物，数量如何？ 是否会降低环境空气质量？降低程度如何？
固体废弃物（弃渣、垃圾）影响	占地、流失、放射性……
景观影响	自然景观、人文景观、旅游业等影响
公众参与	个人、专家、群体、单位的访谈意见； 反馈和落实情况：采纳和不采纳的结论

6.2　旅游轨道交通审计

6.2.1　轨道交通概念及类型

轨道交通指采用专用导向装置运行的城市公共客运交通类型，包括地铁、轻轨、有轨电车、单轨、自动导向轨道以及直线电机轨道交通。按照运量及运营方式的不同，城市轨道交通包括轮轨导向系统的地铁、轻轨、有轨电车等传统类型的城市轨道交通，还包括单轨、自动轨道、直线电机等新型的城市轨道交通。

6.2.1.1　地铁交通

地铁采用专用轨道、专用信号，在全封闭线路上独立运营的大运量城市轨道交通系统，高峰小时单向客运能力一般在 30000 ~ 70000 人次，线路通常设在地下隧道内，也有部分延伸到高架桥上。

6.2.1.2 轻轨交通

轻轨采用专用的通道，在全封闭或半封闭的线路上，以独立运营为主的中运量城市轨道交通系统，在平交路口采用“轻轨列车优先通过”的信号，高峰小时单向客运能力一般在 10000 ~ 30000 人次，线路一般设在地面、高架桥上，也有部分延伸到地下隧道内。

6.2.1.3 有轨电车交通

有轨电车是城市中修建的独立运营与其他交通方式混合运行的低运量城市轨道交通系统，高峰小时单向客运能力一般在 15000 人次上下，线路通常设在地面上。

6.2.1.4 单轨交通

单轨交通是一种以轨道为带形的梁体，车辆跨坐在轨道梁的上方或悬挂在下方行驶的交通工具。单轨交通属于中运量城市轨道交通系统，按其走形模式和构造不同分为跨坐式单轨和悬挂式单轨，具有爬坡能力强、转弯半径小、噪声小的特点。

6.2.1.5 自动轨道交通

自动轨道交通是一种采用橡胶车轮，依靠导向电柜引导方向，在两条平行的平板轨道上的自动控制运行的新型快速客运交通系统。

6.2.1.6 直线电机轨道交通

直线电机轨道交通是一种采用直线感应电机非粘着驱动方式牵引车辆的中运量城市轨道交通系统。

6.2.2 轨道交通审计所依据的法规与政策

6.2.2.1 《中华人民共和国城乡规划法》

在《中华人民共和国城乡规划法》第三十五条中提到：“城乡规划确定的铁路、公路、港口、机场、道路、绿地、输配电设施及输电线路走廊、通信设施、广播电视设施、管道设施、河道、水库、水源地、自然保护区、防汛通道、消防通道、核电站、垃圾填埋场及焚烧厂、污水处理厂和公共服务设施的用地以及其他需要依法保护的用地，禁止擅自改变用途。”

6.2.2.2　《中华人民共和国噪声污染防治法》

在《中华人民共和国噪声污染防治法》中的第十二条规定："城市规划部门在确定建设布局时，应当依据国家声环境质量标准和民用建筑隔声设计规范，合理划定建筑物与交通干线的防噪声距离，并提出相应的规划设计要求。"第三十六条规定："建设经过已有的噪声敏感建筑物集中区域的高速公路和城市高架、轻轨道路，有可能造成环境噪声污染的，应当设置声屏障或者采取其他有效的控制环境噪声污染的措施"。第三十七条规定："在已有的城市交通干线的两侧建设噪声敏感建筑物的，建设单位应当按照国家规定间隔一定距离，并采取减轻、避免交通噪声影响的措施。"

6.2.2.3　其他法规

与城市轨道交通建设项目相关的法律法规还有《关于加强城市快速轨道交通建设管理的通知》、《关于公路、铁路（含轻轨）建设项目环境评价中环境噪声有关问题的通知》、《城市规划编制方法》等。随着城市轨道交通建设的不断发展，相关的法律、法规体系将会得到不断的完善。

6.2.3　轨道交通的环境影响

施工期一般是生态影响的主要发生期，直接影响主要发生在这个时期。施工活动的主要影响包括：

6.2.3.1　对沿线土地资源的影响

工程取（弃）土场选址和作业方式应进行环境合理性分析，减少占地尤其是减少对林地、湿地的占用是评价的主要关注点，选择占用废弃的土地并在施工过程中恢复其使用功能或恢复其生态功能则更好。评价应提出取（弃）土场的复垦建议和土地恢复利用建议。

6.2.3.2　施工对城市绿地与植被影响

施工应针对具体环境作施工设计，尽可能减少对城市绿地植被的影响，尤其应保护高大的树木。遇到古树名木则应作为敏感保护目标对待，按有关法规规定处理。对施工期破坏的植被绿地应进行恢复和补偿，工程建设原则上不减少城市的绿地和绿化植物，有条件时还应使之增加。环评应提出植被和绿地的恢复原则、补偿面积、补偿措施及投资估算，使该项措施定量化和可操作。生态恢复的具体措施包括绿化物种的选择、绿化用地的基质改良等。高架桥下、地面线路基边坡、车辆段及综合维修基地、地面线路两侧都应做好工程绿化措施等。

6.2.3.3 施工活动对水土流失的影响

根据水土流失的成因，估算水土流失面积与流失量，提出水土保持的具体措施及其投资估算。城市轨道交通项目的水土流失不仅应注意直接的施工场地，而且应注意临时占地的问题。城市水土流失会对城市雨水管道会造成堵塞，并且还是城市扬尘的污染源。

6.2.3.4 施工对敏感保护目标的影响

工程建设对文物的影响很大，除了在工程选线选址时应尽可能避绕文物保护目标外，当不可避免在文物保护目标附近施工时，应进行单独的设计。对大多数文物来说，下穿施工可能产生巨大的破坏风险。应当考虑施工时有异常事故发生，运营时有事故发生和事故施救等特殊问题。此外，轨道交通工程均有一定的寿命，在工程报废后也会产生非常规问题，而文物保护的企求寿命却是无限定的。必须优化施工方案，强化施工期文物保护措施。

道路交通与其他城市一样需要节约能源，除此之外，更要注意减少甚至避免对旅游资源，尤其是自然风景资源、历史文化资源的破坏。①

6.2.4 旅游轨道交通审计

对旅游轨道交通的审计包括施工期和运营期两部分，并分别对这两部分的工程行为以及施工与设备进行审计，见表6－2。

表6－2 旅游轨道交通审计项目和内容②

项目阶段	工程内容	工程行为	环境审计内容
施工期	施工准备阶段	征地	生态环境影响
		拆迁	固废和大气环境影响
		树木伐移、绿地占用	生态环境影响
		道路破碎	噪声、振动影响
		运输	噪声、大气环境影响

① 雷翔．论旅游城市可持续发展的道路交通［J］．规划师，2001（2）：35－39.

② 参考：环境保护部环境工程评估中心．交通运输类环境影响评价（下）［M］，中国环境科学出版社，2012（10）：469.

续表

项目阶段	工程内容	工程行为	环境审计内容
施工期	车站施工	基础开挖	噪声、振动和生态环境影响
		连续墙维护、混凝土浇筑	水环境影响
		运输	噪声、大气环境影响
	地面敞开段施工	基础开挖	噪声、振动和生态环境影响
		连续墙维护、混凝土浇筑	水环境影响
		运输	噪声、大气环境影响
	地下区间施工	地下施工法施工	工程弃土、水环境影响
	高架区间施工	钻孔、打桩	噪声、振动影响
		混凝土浇筑	水环境影响
		运输	噪声、大气环境影响
运营期	列车运行	地下线路	振动环境影响
		地面线路	声环境影响
		高架线路	声环境影响
	车站运营	乘客与职工活动	固废和水环境影响
	变电站	变压器	电磁环境影响
	地面设施、设备	风亭、冷却器（空调期）	声环境影响
	车辆段、停车场	列车出入、检修	声环境影响
		采暖设备	大气环境影响
		生产与生活	固废和大气环境影响

6.3　邮轮交通审计

国际邮轮旅游成为旅游界的消费时尚，从而产生了巨大的消费市场。邮轮项目的发展在我国现如今旅游业的发展中处于非常重要的地位。到2020年，中国将成为世界上主要旅游目的地之一，可吸引更多的国际邮轮靠泊。① 但是，邮轮项目在专用港口的建设施工期和运营期间都有不同程度的各类污染物产生，可能

① 余科辉，刘志强．世界邮轮旅游目的地与邮轮母港研究［J］．商业经济，2007（7）：94－95.

产生环境污染和生态破坏。

6.3.1 邮轮的环境影响

港口区域典型的生态环境问题是围海造陆所引发的，因填海造陆区所在的沿岸区域处于陆地生态系统和海洋生态系统的过渡带，水陆交界处在地理位置上构成了丰富的环境空间，其开发利用改变了港湾的水文地质条件，直接影响到整个港区生态系统的平衡和稳定。①

邮轮专用港口作为一种港口，其港口航道项目的布局及规模均存在对水文情势的影响，进而带来水生生态系统环境的变化。对水文情势的影响主要包括工程区域的流速流向变化，河床和海床的冲淤变化以及河岸、海岸的变化趋势。工程占用水域对水生生态也存在影响，表现在对生态系统服务功能的破坏，各种施工行为对水生生态环境、渔业资源造成破坏。施工期和运营期排放的各类污染物也是造成项目水生生态环境影响的重要因素。

陆域生态环境影响主要是工程占用陆生植物资源，造成陆生植被生物量损失和对陆生动物资源的影响。施工期间主要问题是陆域形成期间的水土流失；运营期主要产生的环境问题是邮轮所产生的大量生活污水、生活垃圾、油污水和其他污染物，对海域水质的危害很大。并且，邮轮经常航行于那些风景优美、水质良好的环境敏感地区，一旦任意排放，对水域环境乃至社会经济利益的损害更加不容忽视。

6.3.1.1 施工期的环境影响

占用水域造成的生物缺失。在水域回填（包括吹填）形成陆域，以及水工码头的施工，会造成局部水生生物（浮游动植物、底栖生物、鱼类资源）永久性小时，并给生物资源带来不利影响。各类施工污染源和污染物对水生生物的影响。水下爆破冲击和化学药剂对水生生物的污染影响。

（1）疏浚挖泥及抛泥。水下挖掘作业、疏浚泥倾倒作业或吹填作业使其沉积物中的底栖生物几乎全部损失，造成吹填区沉积物环境发生长久性的根本改变；掩埋使得抛泥区底栖生物几乎全部损失、消失；会引起水中悬浮物浓度增

① 葛玉洁. 绿色港口的规划建设及其雨水收集利用研究［D］. 硕士学位论文，2013（6）：6.

加，是水中溶解氧含量降低，降低水体自净化能力，水体透光性降低还会使浮游植物的光合作用受到影响；对沉积物的挖掘和抛洒会导致吸附其上或其内的污染物、驻留营养物的溶出，并可能使被污染低质因再悬浮而污染水质以及沉降到未受污染区域，造成二次污染，从而对海洋生物造成间接影响以及累计影响。

（2）水下爆破和炸礁。冲击波作用和爆破飞石对水域生态环境和水生生物造成直接伤害；改变水下地貌形态，造成海洋水文动力改变进而对海洋水质和海洋生物生境造成影响；导致悬浮物浓度增加以及炸药化学物质溶出污染水质，间接影响水域生态环境和水生生物。

（3）修建防波堤、码头栈桥、疏港公路桥、水工构筑物。造成堤内水体交换能力明显下降；工程附近盐度场、泥沙场污染物浓度场的分布以及岸滩稳定性、行洪、泥沙冲淤特点受到不同程度的影响；栖息或洄游于工程水域的水生生物觅食、生长、栖息、繁殖及抚幼等均受到不利影响。

（4）陆域开挖石料和取土。施工中的开方、填方和临时施工道路可能会引起新的水土流失；施工地将损失一定量的植被，影响自然体系生物多样性和生物量。

6.3.1.2 运营期的环境影响

（1）邮轮生活污水。生活污水及其污染物主要有大小不等的悬浮物和溶解性的氮、磷与有机物等，这些物质是造成区域性富营养化的主要因素。如果对生活污水不加控制任意排放，将造成氮、磷等无机盐类和有机物质在港池内的积累，在气温高、降雨量大、营养盐丰富的适宜条件下，可能会引起赤潮生物的爆发式繁殖，导致赤潮的发生，造成生态系统的严重破坏。

（2）固体废弃物。邮轮码头运营产生的固体废弃物主要为生活垃圾及生产垃圾，如不进行妥善处理，将会对水域和陆域环境造成不可忽视的影响。进入水域的垃圾聚集于港口时，不仅严重影响环境美观，破坏岸边卫生，同时还会损害船壳、螺旋桨等，造成船舶事故隐患，影响生产。固体废弃物沉入海底，也会造成底质污染。垃圾在水中浸泡，会产生有害物质，使水生生态遭到破坏。

陆域垃圾如不及时清理，则会腐烂变质，成为菌类和鼠蝇的滋生地，并散发出恶劣气味等，污染空气，传播疾病，危害人群健康，同时还会影响港口景观。

（3）油污水。船舶油污水主要污染物为石油类，如果这部分油污水不加处理直接排入港池，将会对该水域生物产生较大的影响。如果油膜较厚且连成片，会使水域水体的透光率下降，降低浮游植物的光合作用，因而影响水域的初级生产力，引起生态平衡的失调。

（4）外来生物。远洋船舶压载水及沉淀物中可能存在外来生物，控制不当易入侵本地海洋环境并对当地海洋生态系统的原有物种构成威胁。

（5）溢油事故和化学品污染事故。对水生生态环境将造成严重不利影响，包括大范围长时间的水质恶化，直到生物死亡，生物多样性降低甚至使受影响区域的生态环境及渔业资源在短期内将难以恢复。

（6）其他。港口各类污染水排放对水生生物的影响。堆场照明、噪声、船只航行对水生生物的影响。照明、噪声对人居住环境的影响。如果涉及自然保护区和需要保护的特殊物种，或者特殊生态问题，还需要对生物的习性、工程的影响方式进行分析。

6.3.2 港口累积影响综合识别分析

采用生态累积影响叠加分析（见图6－1）和生态影响综合识别分析矩阵（见表6－3）可清楚直观地反映对拟建项目生态环境影响的识别分析结果。

表6－3 生态影响综合识别分析矩阵①

生态要素工程活动及影响源		水文动力	水质	底质与沉淀物	底栖生物	湿地生境	浮游生物	渔业资源	保护动物	陆生生态
建设期	港池、航道开挖	在运营期一并考虑	●△↑□	●△↑□	●△↑□	○△↑□	○△↑□	○△↑□	○△↑□	
	滩涂围填与陆域形成		●△↑□	●△↓□	●△↓□	●△↓□	○△↑□	○△↑□	○△↑□	
	水工构筑物建造		●△↑□	●△↓□	●△↓□	●△↓□	○△↑□	○△↑□	○△↑□	

① 黄晓燕，李卫民．交通运输类环境影响评价（上），2011（1）：436－452.

续表

生态要素工程活动及影响源		水文动力	水质	底质与沉淀物	底栖生物	湿地生境	浮游生物	渔业资源	保护动物	陆生生态
建设期	水下爆破和炸礁	●↓ ■				●△ ↑□		●△ ↓□	●△ ↓□	
	陆域开山取土								●△ ↑□	●△ ↓□
	施工船舶、人员污水		●△ ↑□	○△ ↑□	○△ ↑□			○△ ↑□	○△ ↑□	
运营期	水运工程形成（包括码头、航道等）	●↓ ■								
	污水排放		●△ ↓■	○△ ↑■	○△		○△	○△	○△	
	航道维护性疏浚		●△ ↑■	●△ ↑□	●△ ↑□		○△	○△	○△	
	船舶通航								●△	
	邮轮压载水及沉积物可能携带的外来生物				●△ ↓□	●△ ↓□		●△ ↓□		
施工期及运营期污染事故	岸上泄漏					●△ ↑□			●△ ↑□	●△ ↑□
	水上溢出		●△ ↑□	●△ ↑□	●△ ↑□	●△ ↑□	●△ ↑□	●△ ↑□	●△ ↑□	

注：①●/○：直接、间接影响；▲/△：有利、不利影响；↑/↓：可逆、不可逆影响；■/□：长期、短期影响；空白为不确定。

②水工构筑物建造包括：导流堤、岛链连接、各类堤坝、船闸、航运枢纽、防波堤及码头、栈桥、海上桥梁等。

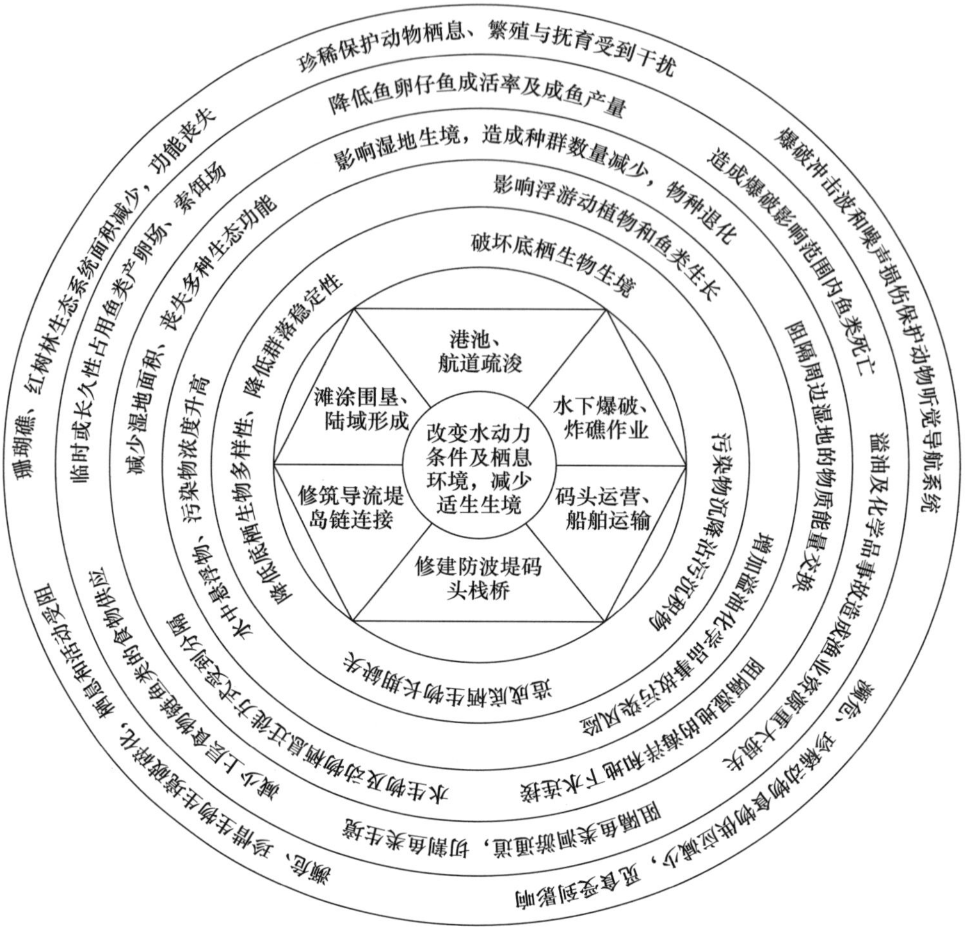

图6－1　生态累积影响叠加分析①

6.3.3　旅游邮轮审计

对旅游邮轮的审计包括建设期和运营期两部分，并分别对这两部分的工程行为进行审计，审计项目和内容见表6－4。

---

①　黄晓燕，李卫民．交通运输类环境影响评价（上），2011（1）：436－452.

表 6－4　邮轮审计项目和内容

项目阶段	工程行为	审计的主要内容
建设期	港池、航道开挖	对生物多样性的影响；水中悬浮物浓度增加，是否会使水中溶解氧含量降低，是否会降低水体自净化能力
	滩涂围填与陆域形成	对吹填区沉积物环境是否造成改变
	水工构筑物建造	沉积物的挖掘和抛洒是否会导致吸附其上或其内的污染物、驻留营养物溶出
	水下爆破与炸礁	冲击波作用和爆破飞石是否对水域生态环境和水生生物造成伤害；改变水下地貌形态，是否会造成海洋水文动力改变进而对海洋水质和海洋生物生境造成影响；是否会导致悬浮物浓度增加以及炸药化学物质溶出污染水质
	陆域开山取土	施工中的开方、填方和临时施工道路是否会引起新的水土流失；是否会影响自然体系生物多样性和生物量
运营期	水运工程形成（包括码头、航道等）	是否对水文动力造成直接不可逆的影响
	污水排放	是否会对水体环境造成污染
	船舶通航	邮轮码头营运产生的生活垃圾及生产垃圾对海洋的影响程度
	游轮压载水及沉积物可能携带的外来生物	远洋船舶压载水及沉淀物中可能存在外来生物，是否会对当系海洋生态系统的原有物种构成威胁

6.4　旅游航空审计

对于机场发展与地区旅游业发展的关系，中外学者普遍认为机场业与地区旅游业的发展具有高度关联性。机场发展不仅具有改善地区可进入性的独特优势，显著带动一个国家的入境旅游市场发展，而且可以带动一个地区整体旅游资源的开发，促进地区旅游业的发展。机场业和旅游业是两个相互关联的市场，旅游业是机场业发展的驱动因素，机场业是旅游业发展的前提条件。另外，一个地方旅游业的战略发展离不开明确的机场业政策，政府可以通过完善对机场业的环境管理和审计来推动地区旅游业的可持续发展。① 机场业与旅游业的相互关联度高，依赖性好，相互带动力强。机场在旅游的发展中有着其他交通工具无可比拟的优势，可以改善旅游客源结构，提高入境游比重，是高端旅游、休闲旅游和生态旅游发展的必要条件，机场建设和航空客流的增加是旅游资源开发的突破口，对中国欠发达地区旅游业的发展尤为重要。②

随着国民经济的发展和国民收入水平的提高，民航已成为人们旅游选择的主要交通方式。一个地区要发展旅游业，必须注重当地机场的建设，并将机场建设纳入当地交通发展总体规划。

6.4.1 机场发展与旅游业的关系

机场业和旅游业具有相互促进的关系，一方面，机场交通基础设施的改善可以提高旅游目的地的可进入性，进而推动当地旅游业的发展；另一方面，旅游业的发展所带来的经济效益以及不断扩大的旅游需求也可以进一步推动机场交通基础设施的改善。机场的发展在以下三个方面与地区旅游业发展的关系越来越紧密。

6.4.1.1 航空是旅游的重要出行方式

在有限的时间内，为了追求旅游效用的最大化，越来越多的旅游者开始选择以航空作为出行方式。旅游客流占民航客运量的比重逐年攀升。目前，旅游客流已成为仅次于公务出行的民航客运量的重要支柱，成为推动中国机场业发展的重要力量。

6.4.1.2 民航运输收入在旅游业总收入中所占比例越来越高

国内居民开始越来越多地选择以航空作为出游方式，机场业对地区旅游业发展的贡献将会越来越大。同时入境旅游者大多选择以民航作为旅行方式，民航外

---

① Bieger Thomas, Wittmer Andreas. Air Transport and Tourism - Perspectives and Challenges for Destinations, Airlines and Governments [J]. Journal of Air Transport Management, 2006, 12 (1): 40-46.

② 王进胜，朱维贵. 浅论建立“政府主导下的机场商业化开发模式”的意义及实践 [J]. 经济问题探索，2006 (6): 110-114.

汇收入在长途交通费用中高达近80%。

6.4.1.3 机场业逐渐向旅游产业渗透

伴随着民航运输业对旅游业的影响越来越强，机场在游客行程中已经成为一个不可或缺的环节。其凭借先天地理优势，组建旅游公司，逐渐向旅游产业延伸。机场业向旅游产业的延伸可以利用机场核心产业及业务的一体化运营及整体资源优势来实现，这不但为机场带来了更多业务收入，还加强了旅游业各环节之间的联系，促进了当地旅游业的发展。

6.4.2 机场项目的相关法律法规与政策

6.4.2.1 机场建设项目环境影响评价分类管理

2008年10月1日起施行的《建设项目环境影响评价分类管理名录》对机场建设项目环境影响评价分类管理进行了规定：编制报告书的机场建设项目：新建机场项目；迁建机场项目；飞行区扩建，设计环境敏感区（以居住，医疗卫生，文化教育，科研，行政办公等为主要功能的区域，文化保护单位，具有特殊历史，文化，科学，民族意义的保护地）的机场建设项目。编制环境影响报告表的机场建设项目：机场航站区改扩建项目；导航台站，供油工程，维修保障等配套工程建设项目。

6.4.2.2 机场建设项目环境影响评价分级审批

根据《建设项目环境影响评价文件分级审批规定》环境保护部审批环境影响评价的建设项目目录的规定：建设对环境有影响的项目，不论投资主体、资金来源、项目性质和投资规模，其环境影响评价文件均应按照本规定确定分级审批权限。

有关海洋工程和军事设施建设项目的环境影响评价文件的分级审批，依据有关法律和行政法规执行。各级环境保护部门负责建设项目环境影响评价文件的审批工作。建设项目环境影响评价文件的分级审批权限，原则上按照建设项目的审批、核准和备案权限及建设项目对环境的影响性质和程度确定。

6.4.2.3 环境保护部负责审批的建设项目环境影响评价文件类型

核设施、绝密工程等特殊性质的建设项目；跨省、自治区、直辖市行政区域的建设项目；由国务院审批或核准的建设项目，由国务院授权有关部门审批或核准的建设项目，由国务院有关部门备案的对环境可能造成重大影响的特殊性质的建设项目。

6.4.2.4 机场工程项目建设标准

机场工程项目建设应遵循下列原则：①遵循《民用航空法》及国家和民用航空行业有关法律、法规和技术标准、规范、定额、指标，贯彻民用航空行业的技术经济政策，以及航空安全、节约用地、节约能源、环境保护的规定，符合全国民用机场布局和建设规划，履行建设程序。②民用机场工程项目建设，应进行多方案技术、经济比较，应注重技术创新，推动技术进步，积极采用新技术、新工艺、新材料、新设备，注重投资经济效益合理。③机场场址选择应根据全国民用机场布局规划并符合当地城市或城镇规划要求。场址附近宜有符合环境管理规定的满足机场污水达标排放的市政污水管网或受纳水体。④机场场址应与机场所在地的城市或城镇规划、土地使用规划、生态环境保护规划、无线通信网站规划等相协调。⑤场址应避开地质不良地段、可能淹没地区、活动性断层、有开采价值的矿区、环境及生态保护区、旅游景区和文物古迹保护区。对局部避让不开的，应进行专项研究、论证，必要时，应采取相应的保护措施。⑥机场排污系统应根据国家环保法规，按照环境保护区域及相关的排放标准和排污量进行建设。机场内有害生产废水需经处理达标后才可汇入场内污水管网。含油污水应进行预处理后再汇入场内污水管网。⑦为预防疾病传播，国际航班飞机或国际包机上的生活污水必须进行有效监控，满足卫生防疫要求，应先经消毒处理，然后再排入污水管网。⑧机场内应建设生产及生活垃圾分拣转运站，首先对垃圾进行分拣，其次进行分类处理。机场可以设置符合环保标准的小型焚烧站自行处理；考虑到旅客航站区指标为 4 及以下机场日垃圾总量有限，采用焚烧方式往往不经济，一般也可以依托当地市政设施统一做无害化处理。

6.4.3 旅游航空环境影响

旅游航空的环境影响包括噪声、废气、废水、固体废弃物等，见表 6－5。

表6-5 旅游航空的环境影响

污染因子	污染源名称	污染物因素
噪声	飞机起降飞行	飞机噪声
	来往车辆	道路噪声
	设备运行	设备噪声
废气	天然气锅炉房	NO_2 SO_2 PM10
	使用油库油罐	非甲烷总烃
	污水处理厂臭气	氨
	汽车尾气	NO_2 CO 非甲烷总烃
	飞机尾气	NO_2 CO SO_2 非甲烷总烃
废水	机场排污口污水	SS NH_3-N CODCr BOD_5 石油类
固体废弃物	航站楼航空垃圾	国内和国际航空垃圾
	机场办公，生活区垃圾	生活及办公垃圾等
	油库，加油站，机修固体废弃物	污油
	污水厂固体废弃物	污泥

6.4.4 旅游航空审计

对旅游航空的审计同样分为施工期和运营期两个部分，并分别对这两部分的工程行为进行审计，并总结了引致的问题，审计项目和内容见表6-6。

表6-6 旅游航空审计项目和内容①

项目阶段	工程行为	引致的问题	审计的主要内容
施工期	征地	土地利用功能变更	农业，草场，森林，湿地，荒地和旷野等原生环境的变化 动植物资源
	拆迁	居民重新安置	居民宅基地损失，就业和生活条件的变化
		扬尘	空气质量变化
		建筑垃圾	卫生环境
	地面平整	填方和弃土	相关的生态变化，地面和地下文物，地面水文流向
	材料运输	道路运输量增加	相关道路的交通运输
		车辆噪声	声环境质量
		车辆尾气和扬尘	空气环境质量

① 参考：环境保护部环境工程评估中心编．交通运输类环境影响评价（下）［M］，中国环境科学出版社，2012（10）：348.

续表

项目阶段	工程行为	引致的问题	审计的主要内容
施工期	建筑工程	地面硬化	地下水补给量减少
		施工机械噪声	声环境质量
		施工扬尘	空气环境质量
		施工人群的生活	空气质量，水环境质量及卫生环境
	道路工程	挖方	植被破坏，水土流失，生态功能变化，声环境质量
		填方	空气环境质量，声环境质量
		路面铺设	空气环境质量，声环境质量
	管道铺设	供油，供气，供水，供水管道	风险，生态环境，空气环境质量，声环境质量
运营期	飞机运营	飞机噪声	声环境质量，居民生活质量
		飞机尾气	空气环境质量
		飞机飞行	电磁环境/（干扰电视信号）
	地面交通	车辆噪声	声环境质量
		车辆尾气	空气环境质量
	供热	锅炉尾气	空气环境质量
		风机噪声	声环境质量
		炉渣	固废处置
	供冷	设备噪声	声环境质量
		废水排放	水环境质量
	供水	水资源变化	地下水，地表水资源 居民用水
	供电	变压器工频电磁场	电磁环境
	供油	油库无组织排放	空气环境质量
	导航台站	电磁波辐射	电磁环境
	污水处理站	恶臭	空气环境质量
		污水排放	地表水和地下水环境质量
	垃圾焚烧站	恶臭和焚烧产生的烟气，风机噪声	空气环境质量，声环境质量

6.5　利用 ISO14031 环境绩效评估的案例——丹麦国家铁路公司

丹麦国家铁路公司（DNRA）环境绩效评估（EPE）中绩效指标选择方法简介。

6.5.1　公司情况介绍

丹麦国家铁路公司管理着丹麦铁路系统的基础设施，拥有员工 3400 多名。该公司把 ISO14031 作为其改进环境绩效评价指标的质量和结构的一个工具。

DNRA 的环境影响因素包括能源和原材料的使用及施工和车辆的排放物。资产经营活动包括购买办公用品、各种设备以及电力、水、热等的消耗。路面整修过程中要产生大量的废弃道渣。在控制杂草中使用除草剂可能对环境造成危害。铁路是噪声和振动污染的一个来源。DNRA 力求通过路面维护和设置隔音设施以减少这些污染的危害。油料泄漏对环境尤其对地下水的危害已经对一些地方造成影响。因此，DNRA 的工作也包括了防止进一步的污染和清除以前的污染。

铺设新的铁路设施对环境影响巨大。例如，它能对附近的动植物、自然和人文景观、城镇和商业产生严重影响。与铁路运营方面有关的环境影响包括排放、美观景色的破坏、噪声、振动、生活便利的影响和活动区域的受限问题。在施工阶段那些合同工程将会产生噪声、能源消耗、尾气以及侵占道路等，而对环境也产生影响，可能严重干扰周围居民的正常生活。

能源的消耗和废气的排放与火车的运行方式（如速度，停靠次数，加速）有关。而运行方式是由计划安排，交通调度和司机的操作习惯所决定的。通过周密的计划和调度，DNRA 可以对铁路方面最大的环境影响——火车的能源消耗和废气的排放进行管理。

DNRA 为电力机车配送电力。使用电能作为能源使得采用可再生能源成为可能，DNRA 因此积极寻求风力发电的利用，并力求使铁路的基础设施实现电气化。

6.5.2 环境方针的制定

针对上述环境影响，DNRA 制定出了它的环境方针。

DNRA 的环境方针：为了尽可能减少对环境的影响和资源消耗，DNRA 应确保铁路得到合理有效的利用，只有这样铁路才能为解决交通方面的最大问题——日益增加的环境影响——做出巨大的贡献。

DNRA 将同其他运输界的同行和社会各界协同合作，寻求实现运输可持续性发展的新路子。作为最为有益于环境的运输方式，DNRA 将努力确保铁路保持并扩大这种地位。DNRA 希望在环境方面称为行业内的领先者，因为铁路未来面临的挑战是能够提供即具有竞争性又具有良好的环境表现的运输服务。促进丹麦的铁路经营者把环境意识纳入日常经营活动中是 DNRA 应尽的职责。DNRA 自身将在日常的管理和设施的建设中时刻把自然环境放在心中。

DNRA 将在其提供服务和接受服务中评价环境影响，把考虑环境因素同经营紧密地联系起来。因此，它要积极地同其相关的客户、管理机构和公众在环境方面展开对话。DNRA 自愿成为 ISO14031 的试点公司。参加的目的一方面是提供经验，另一方面是完善 DNRA 内部的环境管理工作。它所期望的利益如下：

作为一个工具，对其环境目标的实现情况进行适时评估；①提高管理水平；②使环境目标具有可测量性；③对其现在使用的环境绩效评估 EPE 指数进行评价；④采用不同的体系评价其现有的环境目标；⑤在未来利用环境报告和绿色会计中的已有指标和其他指标。

6.5.3 EPE 指标的选择

基于 DNRA 的环境战略对新的指标提出建议和讨论，并根据 DNRA 的环境战略、环境目标和重要的环境影响因素制定出指标。指标按照 ISO14031 分为三个类别（如环境条件指标、运作绩效指标和管理绩效指标）。

对于讨论会提出的指标再经过审核后进行缩减或改动。在这个审核过程中，优先考虑了 DNRA 在未来两年中可以用到的指标上。尽管这个办法有点笨拙，但由于 DNRA 还没有制定出可以量化的目标，并且指标是在相关支持文件（相关方的环境目标评价和关键环境因素选择的根据）制定之前就已选好了，它之所以被

选定是因为DNRA希望在1997年的环境情况和绿色会计报告中能利用尽可能多的指标。表6-7列举了一些指标。

表6-7　DNRA的环境指标的例子

环境目标暂定环境目标		MPIs	OPIs	ECIs
铁路设施建设				
DNRA在招投标中对投标者和承包方要有环境要求	环境要求将被用于所有的对投标者和承包方的招标中（1998年将被采用）	环境评估程序被用于对投标者和承包方的招标中的百分比		
DNRA将保证铁路部门对自然和周边环境负起职责	将要制定的美学政策	美学政策在这一项目中的进展情况		美学政策需要达到的目标（1998）
运行和维修铁路设施				
DNRA在制订采购计划中要考虑到环境因素	对所有的产品都要进行环境评价	基于环境评价而优先选择的产品的比例（1998）		
DNRA将预防噪声污染和振动，并帮助生活在铁路附近的受害者去除	对所有优先考虑的居民区提出降低噪声解决办法	相对于整体噪声污染情况而言进行降低噪声措施的居民区的数量（1998）	噪声隔离带的修建长度（1996，1997）	
计划和管理铁路网的交通				
DNRA将逐步大量使用非化石燃料和再生能源	同所有能源供应商进行对话	在非化石燃料和再生能源方面进行对话的能源供应商的比例（1997）	非化石燃料和再生能源使用的百分比（1998）	在气候变化、酸雨、烟雾、水域富营养化以及自然资源的恶化方面铁路部门的影响作用（1998）

在制定环境目标和相关的指标中采用的规范性方法将有助于重要的评审活动以及未来的环境战略和环境目标的制定。这样的工具对于一个有效的环境管理体系的形成无疑发挥着关键的作用。

第7章　世界遗产地旅游教育审计

我国自1985年12月12日加入《保护世界文化与自然遗产公约》的缔约国行列以来，截至2016年，经联合国教科文组织审核被批准列入《世界遗产名录》的中国世界遗产共有50项（包括自然遗产11项，文化遗产35项，自然与文化遗产4项），在数量上居世界第二位，是世界上拥有世界遗产类别最齐全的国家之一。然而，《世界遗产名录》并非只进不出，如不加强监督监测，则将面临被警告除名的危险。

7.1　世界遗产评估监测内容的演进

世界遗产是指被联合国教科文组织和世界遗产委员会确认的人类罕见的、目前无法替代的财富，是全人类公认的具有突出意义和普遍价值的文物古迹及自然景观。根据2003年通过的《世界遗产公约》，如果遗产所在地政府不能保证在一定期限内采取必要措施有效保护该遗产的价值，使遗产地受到严重威胁和破坏，最终失去作为世界遗产的突出的普遍价值，该遗产项目将可能从《世界遗产名录》中除名。历史上已经有部分景区遭到联合国世界遗产委员会的警告和除名。例如，也门萨那古城，阿拉伯羚羊保护区，德累斯顿市易北河谷，我国的三江并流景区，张家界、江西庐山和黑龙江五大连池等。警告或除名的原因及评估关注点演进过程如图7－1所示。

由此可见，世界遗产的评估监测内容是一个不断深入的过程。从对景区建设项目过多，过度开发利用等问题的关注，深入对景区旅游者教育方面的关注，逐渐趋向于源头的治理。遗产地教育的开展成为衡量世界遗产地突出普遍价值

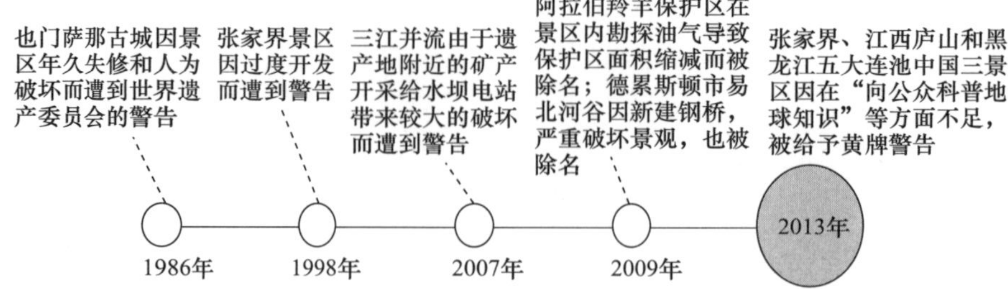

图7-1　世界遗产地评估关注点演进图示

（OUV）保护状况的一项重要指标。我国自 1985 年 12 月 12 日加入《保护世界文化与自然遗产公约》的缔约国行列以来，截至 2014 年，经联合国教科文组织审核被批准列入《世界遗产名录》的中国世界遗产共有 47 项（包括自然遗产 10 项，文化遗产 33 项，自然与文化遗产 4 项），在数量上居世界第二位，是世界上拥有世界遗产类别最齐全的国家之一。然而，《世界遗产名录》并非只进不出，如不加强监督监测，则将面临被警告除名的危险。因此，作为监督监测遗产地旅游者的教育绩效的旅游教育审计将在世界遗产地保护中起着至关重要的作用。

7.2　开展世界遗产地旅游教育审计的意义

旅游教育审计是一种有效的、对某个特定旅游主体的教育绩效进行评估的管理工具。它是旅游审计的一项重要内容。它的实施具有以下作用。

7.2.1　促进世界遗产保护和营销

当今旅游者素质还有所欠缺，仍存在不雅举止等道德弱化行为（见图 7-2）。这些行为会对世界遗产地的自然文化资源及生态环境产生一定的不良影响。对当地居民形成不良的道德示范，同时游客间不文明行为产生的交互影响也会影响其他游客体验感受，甚至对自身造成不良影响。

图7-2 世界遗产地长城景区乱刻乱画现象

开展旅游教育审计能够完善遗产旅游地教育系统，改变旅游者的观念，增强旅游者自觉保护世界遗产的能力。旅游者能从教育活动中得到文化氛围的熏陶与知识水平的提升，在一定范围内，他们将成为遗产地文化的自觉传播者，进而能提高遗产地的知名度，促进遗产地良好形象的建立，达到了遗产地营销的效果。

7.2.2 提高民族素质和促进生态文明建设

开展旅游教育审计，能确保遗产地旅游者教育工作的顺利开展，使旅游者充分认识遗产地的价值，获得丰富的遗产地知识，认识世界遗产所代表的民族意识和民族精神，形成民族凝聚力，形成共同保护世界遗产的价值取向，促进生态文明建设。

7.2.3 实现世界旅游者对遗产地普遍价值的认同

开展旅游教育审计，确保世界遗产地教育功能的实现。当世界旅游者都认同遗产地的普遍价值，形成有“保护遗产，公民责任”这一意识的时候，遗产地的保护工作便能顺利开展。

7.3 我国旅游教育审计的现状

7.3.1 理论研究和实践上均存在不足

近20年，我国旅游审计的研究有了一定的进展。在旅游行业审计（邸国军，1987）①、旅游企业审计（赵雨洁，2012）②、旅游环境审计（谢芳、张艳玲，2009）③ 等领域均有所研究。但是，目前对于旅游教育审计领域的研究较少。

从已实施的旅游绩效审计来看，缺乏对旅游教育过程及成果的评估、控制。同时，没有可量化和可操作的旅游教育绩效审计系统，例如，对教育活动的数量形式、解说系统的内容规定方面的考察。

7.3.2 旅游教育审计相关法律制度缺失

杨希（2013）认为，近年来，尽管遗产保护越来越受到全社会的关注，但我国境内的世界文化和自然遗产保护形势依然日益严峻，相关法律制度的缺失是造成当前世界遗产保护工作面临种种问题的根本原因。④ 目前，有关旅游教育审计的法律法规不够完善，审计机关没有规定旅游教育审计的具体标准，也没有规定旅游教育开展评价的相关内容。

7.3.3 审计管理体制混乱

目前，我国旅游环境审计主体主要是政府审计机关以及旅游行政管理机关下属的审计部门，较为单一。⑤ 各个部门分别从各自不同的角度对世界遗产地实施管理，这些管理在一些环节上，有时会和地方利益发生冲突；部门之间由于工作

① 邸国军．谈谈旅游行业审计的几个问题［J］．审计研究，1987（1）：43－45.
② 赵雨洁．现代旅游企业审计面临的风险与防范措施［J］．前沿，2012（13）：118－119.
③ 谢芳，张艳玲．环境审计：旅游循环经济的管理工具［J］．环境保护，2009（12）：69－71.
④ 杨希．我国世界遗产地的法律保护研究［D］．中国海洋大学，2013.
⑤ 王海莉．旅游环境审计存在的问题及对策研究［J］．中国内部计，2015（2）：20－22.

角度不同，在一些问题的认识和处理上也经常有分歧，这些管理的交叉，使世界遗产地的管理难以实现理想化的管理总目标，而成为各种管理目标相互妥协的产物。①

7.4　旅游教育审计体系的构建

为解决上述世界遗产地保护中存在的问题，确保遗产地教育功能的发挥，本文根据已有的相关研究资料，梳理出旅游教育审计的多重观测维度，见表 7－1。

表 7－1　旅游教育审计观测维度

维度	观测维度	维度标准描述	资料来源
解说系统的完善性	导游解说	导游解说内容包括较多的景区科普知识和文化知识、讲解要熟练且具有感染力	①Salazar，N.（2014） ②陈秋玲、邹宏霞、艾小艳（2014） ③任梦雅，杜政（2010） ④Hazel Tucker（2014） ⑤潘秋玲、丁蕾（2007）
	标识牌解说	标识牌形式多样、内容新颖	①尚文霞（2015） ②冯俊云（2015） ③陈小辉、陈爱兰、黄欣怡（2013）
教育活动的多样性	内容	设立科普宣传日，定期开展科普教育活动和保护公约的学习	①Jonathan Wager.（1995） ②文首文（2009） ③ MerciuFlorentina – Cristina，Merciu-George – Laurenţiu，CercleuxAndreea – Loreta，DrăghiciCristianConstantin.（2014）
	形式	通过开展遗产地游学，作为青少年教育基地等形式多样的活动	①胡海胜（2011） ②G. Simşek，A. Elitok Kesici.（2012） ③文首文（2009）
社区公众的参与性	参与程度	大力倡导社区公众参与到世界遗产的学习与保护中来	①Hazel（2014） ②Mingming Su，Bin Li.（2012）

① 张永爱．世界遗产保护与旅游业可持续发展的政府管治研究［D］．山东大学，2008.

续表

维度	观测维度	维度标准描述	资料来源
管理体制合理性	分工	治理主体的职责内容符合主体的资质和能力，每一个治理主体都有明确的职责，各方主体各司其职	①李如生（2011） ②Carol Boon Chui Teo, Noor Rita Mohd Khan, Faizah Hj. Abd Rahim.（2014）
	协作	有统一的治理机构组织，协调各类治理主体组织	①Carol Boon Chui Teo, Noor Rita Mohd Khan, Faizah Hj. Abd Rahim.（2014） ②李攀诚、周颖、陈勇（2010）
科研项目的全面性	数量	定期开展专家座谈会，对遗产地建设进行科学研究	任文举（2009）
	质量	科研项目要对景区的建设发展有益	①孙克勤（2008） ②David A. Ucko（2010）

由以上观测维度，整理出旅游教育审计体系，如图7-3所示。

图7-3 旅游教育审计体系

7.4.1 解说系统完善性审计

《保护世界文化和自然遗产公约》第二十七条规定：本公约缔约国应通过一切适当手段，特别是教育和宣传计划，努力增强该国人民对本公约中所确定的文化和自然遗产的赞赏及尊重。解说具有教育和宣传的功能，主要包括导游讲解和

景区标识牌解说。它是传递世界遗产地自然与文化内涵的直接途径，能够提高旅游者的生态认知与审美体验，从而获得精神上的满足。① 导游话语是影响遗产地保护的重要部分。② 西双版纳等地已开展绿色导游培训课程，要求导游应向游客传达有效准确的景区知识信息。③ 另外，导游讲解应灵活运用导游技巧，具有生动性。④ 而讲解的流畅性又是对导游解说人员的一项要求。⑤

景区标识牌解说系统建设也尤为重要。⑥ 标识牌除了要涉及安全与方向提示等常规内容之外，更要强调对遗产地资源的科学知识、文化内涵的普及。⑦ 通过新颖内容的“柔性”说教，来提高游客对解说知识的关注，使世界遗产地的教育功能得到充分实现。⑧ 江西三清山世界遗产的在标识牌建设方面是一个很好的范例。如图 7 –4 所示。

图 7 –4　三清山景区解说标识牌

---

① 朱璇，朱海森．国内自然遗产地的解说系统重构——注重启智教育功能开发［J］．地域研究与开发，2011（3）：134 –139.

② Salazar，N. Seducation：Learning the trade of tourism enticement. In D. Picard & M. A. Di Giovine（Eds.），Tourism and the power of otherness. Bristol：Channel View，2014：110 –123.

③ 陈秋玲，邹宏霞，艾小艳．张家界地貌绿色导游推行的可行性分析［J］．旅游纵览（下半月），2014（8）：132.

④ 任梦雅，杜政．谈导游讲解对旅游景区形象的影响［J］．边疆经济与文化，2010（9）：11 –12.

⑤ 何玉荣．徽州文化的导游讲解艺术［J］．经济研究导刊，2009（20）：57 –58.

⑥ 尚文霞．基于需求分析的曲江遗址公园旅游解说系统优化研究［J］．旅游纵览（下半月），2015（3）：130 –131.

⑦ 冯俊云．基于旅游体验的旅游景区导视系统标准化设计研究［J］．经营管理者，2015（11）：198 –199.

⑧ 陈小辉，陈爱兰，黄欣怡．基于旅游者满意度调查的泰宁世界地质公园旅游解说系统优化研究［J］．西南农业大学学报（社会科学版），2013（12）：1 –5.

7.4.2 教育活动多样性审计

2013 年第 38 届世界遗产大会发表的“苏州宣言”呼吁与各国政府积极建立跨地区的教育和研究中心，促进遗产保护教育的交流与合作。世界遗产地的生态教育内容应包括世界遗产公约、世界遗产与认同、世界遗产和旅游、世界遗产和一个和平的文化。[①] 例如，澳大利亚登特利生态居在游客入住时会发一些教育资料，包括 1 张鸟类品种清单、22 种比较容易识别的当地植物的表格以及这些植物的土著用法。[②] 我国应在强化遗产地的环境影响、加大遗产教育资金投入、成立遗产教育专门机构、举办遗产教育特色活动等方面做更多的工作。[③] 发挥学校在遗产地教育宣传中的作用。[④] 也可发挥博物馆在教育活动中的重要作用。[⑤] 强调满足人的主动性和参与性。[⑥]

例如，南浔古镇管委会和南浔区委宣传部、中国摄影家协会等联合举办“运河重镇——世界文化遗产地南浔全国摄影大展”，旨在通过摄影活动充分展示南浔的自然景观、人文风情等，使社会公众自觉接受遗产地自然知识及文化内涵的教育，从而也促进了旅游景区的保护和发展。

7.4.3 社区公众参与性审计

中共中央、国务院 5 月 5 日印发《关于加快推进生态文明建设的意见》指出扩大信息公开。建立环境公益诉讼制度，对污染环境、破坏生态的行为，有关组织可提起公益诉讼。引导生态文明建设领域各类社会组织健康有序发展。世界遗

① Jonathan Wager. Developing a strategy for the Angkor World Heritage Site ［J］. Tourism Management, 1995, 16 (7): 515－523.

② 文首文. 国内外游客教育研究进展［J］. 旅游学刊，2008 (7): 92－96.

③ 胡海胜. 中国世界遗产地教育：功能、现状与对策［J］. 吉林工商学院学报，2011 (2): 11－14.

④ G. Simşek, A. Elitok Kesici. Heritage Education for Primary School Children Through Drama: The Case of Aydln, Turkey ［J］. Procedia－Social and Behavioral Sciences, 2012 (46): 3817－3824.

⑤ Merciu Florentina－Cristina, Merciu George－Laurenţiu, Cercleux Andreea－Loreta, Drǎghici Cristian Constantin. Conversion of Industrial Heritage as a Vector of Cultural Regeneration ［J］. Procedia－Social and Behavioral Sciences, 2014 (122): 162－166.

⑥ 潘秋玲，丁蕾. 后现代社会下的旅游新趋势［J］. 人文地理，2007 (5): 24－28.

产地保护活动缺乏参与应归因于当地社区公众，在指定的“普遍价值”下应允许指定的空间与多个声音。① 一般来说，当地社区拥有丰富知识，经验和能力处理当地的问题。他们也有自己的理解和解释的遗产资源的价值。②

7.4.4 管理机构合理性审计

中国的世界遗产保护存在着管理乱位等一系列问题，有学者提出了分级分类管理等相应的管理和保护对策。③ 国外世界遗产保护在中央政府层面上，一般都设立单独的综合管理机构，统一负责各类自然保护区和国家公园的管理。如美国国家公园体系的管理者为内政部国家公园管理局；日本的国家公园由国家环境厅长官主管。④ 世界上有些国家建立了生态警察制度。希腊是较早设立旅游警察的国家。早在1975年，为了保护游客的安全开始实施旅游警察制度，约占希腊常规警察数量的15%。马来西亚与1998年在吉隆坡成立了旅游警察，现有40余名，由于他们辛勤工作，对游客加以教育引导和管理，旅游部所指定的99个旅游景点的治安得到了明显改善。澳大利亚各州都组建了环保警察（SEPP）其隶属于环保局领导，是环保局的一个内设机构。⑤ 我国旅游局发布的《旅行社行前说明服务规范》、《导游领队引导文明旅游规范》（将于2015年5月1日起实施）也明确指出，导游、领队将有权通过旅行社向相关主管部门举报游客不文明行为。

7.4.5 科研项目全面性审计

2003年通过的《保护世界文化和自然遗产公约》第五条规定：为保护、保

---

① Hazel Tucker，Elizabeth Carnegie. World heritage and the contradictions of ‘universal value’［J］. Annals of Tourism Research，2014（47）：63－76.

② Mingming Su，Bin Li. Resource Management at World Heritage Sites in China［J］. Procedia Environmental Sciences，2012（12）：293－297.

③ 李如生．中国世界遗产保护的现状、问题与对策［J］．城市规划，2011（5）：38－44.

④ Carol Boon Chui Teo，Noor Rita Mohd Khan，Faizah Hj. Abd Rahim. Understanding Cultural Heritage Visitor Behavior：The Case of Melaka as World Heritage City［J］. Procedia－Social and Behavioral Sciences，2014（130）：1－10.

⑤ 李攀诚，周颖，陈勇．关于江西省设立生态警察的若干思考——以鄱阳湖生态经济区建设为背景［J］．江西公安专科学校学报，2010（6）：28－30.

存和展出该国领土内的文化和自然遗产采取积极有效的措施，应促进建立或发展有关保护、保存和展出文化和自然遗产的国家或地区培训中心，并鼓励这方面的科学研究。科研活动在文化遗产的保护中起着重要的作用。[①] 而我国的世界自然遗产地管理方面存在着诸如遗产教育和学术研究滞后等问题，应充分发挥高校和科研机构在遗产教育过程中的强化作用。[②] 应鼓励组织专家研讨活动等科研活动。[③]

结语

世界遗产地具有极高的科学价值，美学价值，文化价值等，是人类精神文明的财富和智慧的结晶，因此世界遗产地的保护显得尤为重要，应从多方面对其普遍价值进行保护，完善旅游教育审计，重视对旅游者的教育，实现世界遗产地的保护和可持续发展。

① David A. Ucko. The Learning Science in Informal Environments Study in Context [J]. Curator: The Museum Journal, 2010, 53 (2): 129-136.

② 孙克勤. 中国的世界遗产保护与可持续发展研究 [J]. 中国地质大学学报（社会科学版），2008 (3): 36-40.

③ 任文举. 中国世界遗产地旅游者教育浅谈 [J]. 经济研究导刊，2009 (13): 153-154.

第8章　旅游购买环境审计

旅游是一种特殊的消费行为，是游客在旅行过程中通过对多种服务（信息、交通、住宿、景点等）的使用而获得的一种复杂消费体验。旅游消费最重要的特征之一就是综合型，涉及旅游供应链条上的各个方面。为确保旅游所消费的产品和服务的环境质量，必须对此进行监督和管理。购买审计是对所有与购买商品和服务相关的组织政策和行为以及个人购买行为对环境影响的环境检查和控制。旅游购买审计既是确保旅游供应链条上各个环节提供环境友好型产品的重要工具，也是旅游环境审计的重要内容。

8.1　绿色购买审计的起源

公共政策的制定者逐渐意识到消费决策对环境保护的重要影响，于是，购买审计应运而生。对购买产品和服务的审计是环境审计工作中的重要组成部分。购买是许多地方审计部门所强调的重要问题。[①]

地方政府行政部门在日常工作和活动中，需要购买大量不同种类的产品和服务。这些购买的物品包括建筑材料、食品、能源、车辆、筑路材料、办公用品、街道用具、清洁用具和园艺品。因此，地方政府有机会尝试采取一些措施来减少这些产品和服务对环境的影响。最早在加拿大联邦政府采取了“最优做法”，这些“最优做法”在各个领域的环境管理中加以实施包括采购、废物管理、水资源利用、联邦办公大楼的能源使用，土地使用管理以及人力资源管理等。加拿大

① Barton H, Bruder N. Local environmental auditing [M]. London: Earthscan, 1995: 226 - 256.

环境评价法案的公告，总审计师法案的修订案，有毒物质管理政策等已经列入绿色政府的要求之中。按照财政委员会物资管理指导条例，对潜在的购买事项进行评估；按照加拿大国际贸易准则的要求，所购产品与服务要符合具体的环境要求，并考虑其生命周期成本。对购买权力机关（负责采购部门）的官员进行绿色购买知识的培训，以提高其决策能力。例如，利用加拿大环境部提供的“实施环境购买政策”作为培训资料。①② 购买审计在加拿大绿色政府采购中产生并被逐渐应用于其他领域。

加拿大的绿色政府采购所实施的购买审计给我们提供了可资借鉴的经验，购买审计的理念和方法同样可以用于旅游行业和旅游者环境型购买的环境管理之中。

8.2 购买审计的作用

8.2.1 提高公众关于购买对环境影响的意识

购买审计对购买行为进行约束而减少对环境的影响，提高消费者的利益，培养有利于环境的消费习惯，提倡并鼓励环境型购买从而促进消费和经济活动的平衡。

8.2.2 促进企业开发生态型产品

政府通过“看得见的手”（如政策、法规等）指导市场，通过消费者的影响对生产厂家和产品供应者施加压力，使其提供对环境不产生负面影响的产品。为环境而设计将成为考虑环境而进行设计流程、产品包装的指导思想，此外，还包括为废弃物处理、循环利用、防止污染以及资源保护等目的而进行的设计。

---

① Lawrence B. Cahill. Environmental audits, 7th edition [M]. Maryland: Government Institutes Rockville, 1996: 727.

② Minister of Public Works and Government Services. Greening government operations effective communications [R]. Canada: Resource Manual, Environment, 1996: 12 – 13.

8.2.3 促进构建新的企业营销战略

购买审计是促进市场营销工作者在开展市场营销活动时始终考虑生态环境的重要工具之一。使企业在传统的经营哲学中增加环境敏感性导向。购买审计还通过消费者的作用，促使营销经理和其他人员进一步了解公司的产品、包装、分销和其他营销活动对环境健康的影响程度。由于企业面对绿色消费和生态型购买的压力，促使企业在决策过程中采取环境友好型战略。从环境保护的角度审视营销战略和决策，可以让营销工作者了解竞争优势的潜力和现行运营之间的差距，购买审计还能通过消费者的信息反馈，帮助营销工作者及时检查实际工作是否符合不断出台的法律、法规和日常管理程序的规定（如保存相关记录和汇报制度等）。

8.2.4 政府管理机制的体现

绿色进程中必须在三方（企业、政府和公众）之间建立一种共生或合作的关系。购买审计是政府参与环境管理而选择的管理机制，为消费者提供一些环境保护的指导和方向。可持续发展需要政府采取综合的、高透明度的、可靠的公共政策。此政策必须体现对持续改进的承诺。在这些政策的指导下，各行业必须采取一系列策略和倡导一些“最优做法”。

8.3 对旅游服务产品供应商的环境审计

旅游者购买的是旅游产品和服务，绿色旅游服务的供应商即为游客提供各种绿色旅游产品和服务的相关企业。考虑到绿色购买环境审计突出强调旅游服务产品供应链的环境属性，一方面，要求供应链的每个角色内部必须实施有效的环境管理，确保产品在生命周期的每一个阶段的环境影响和资源消耗得到有效的控制；另一方面，要求对整个供应链的环境管理进行协调，在供应链系统环境信息共享的基础上，使供应链的物流向着环境影响最小资源消耗最少的方向流动。所以，绿色旅游服务的供应商提供的绿色服务，要求以绿色技术和绿色管理为手段，在服务的全过程严格地节约资源、降低消耗、防污治污，尽可能地减少其对于生态环境以及人体健康的影响，从而达到既可以最大限度地保护生态环境又可以降低服务成本、提高经济效益的双重目的。①

8.3.1　对旅游企业服务设施和原材料采购的审计

绿色旅游产品供应需要各旅游企业共同参与到以“绿色环保”为中心的旅游服务设施和原材料的采购中，从源头控制对环境的污染和对旅游者的身体损害。就像我们已在前几章中探讨酒店的内外部装修所购买的必须是绿色材料，对人体是无害的，要减少提供一次性客人用品，洗涤物品的无磷化，充分利用太阳能等高效无污染的资源。餐饮企业除了在保证就餐环境的整洁卫生之外，还要舍弃一次性餐具，在采购食材上提供无公害的绿色食品，采购野生动物制作菜肴的行为要坚决制止。

8.3.1.1　环境型购买政策的制定

环境型购买政策强调两个要点：尽量节省不可再生的资源，避免产生污染。有效的环境型购买政策应该基于有效的环境战略和既定的明确的环境目标。制定的政策应适合这一旅游企业的所有购买活动并且所有参与购买活动的人员都应负有责任。

8.3.1.2　环境型购买政策的作用

环境型购买政策的主要作用是不鼓励不必要的购买以及消费产品和服务；不鼓励使用那些耗费大量不可再生资源的产品和服务（不管是在生产、销售、使用还是在处置过程中）；不鼓励使用能造成巨大污染的产品。

8.3.1.3　环境型购买政策的目的

环境型购买政策的目的是尽可能地减少消费；充分使用产品；购买由可回收的或可再生的原料生产的产品；购买对环境污染小的产品；购买那些不带不必要的包装的产品；优先购买使用时间长、耐用的、可再用的、可修理的或可回收的产品。而不购买使用寿命短的、不坚固的一次性的产品；大力提倡使用对环境影响小的产品；减少废物的产生；在可行的条件下尽可能回收和再使用废物。

---

① 闫利娜．浅谈绿色旅游服务供应链管理［J］．经贸管理，2013（2）：265－266.

8.3.1.4 环境型购买政策内容

旅游企业的购买政策文件应列出所要购买的不同类型的产品（化学品、建筑材料、能源、塑料、文具、交通工具、燃料、木材和金属等）和与之相联系的环境问题，有关的地方政府环保目标、推荐的政策、好的行为准则、实施和监测这些政策的购买计划（包括推荐的购买产品、主管的官员、实施的时间安排和绩效指标）。

8.3.1.5 环境型购买过程

在制定一项环境型购买政策之前有一些关于购买过程的问题需要检查，其内容包括是否已经制定了有关购买过程的环境政策，全体员工是否知道现行的环境型购买政策，对购买产品分类说明谁负有责任，这一企业的购买结构是什么，有没有关于环境型购买的信息来源（组织内部或外部的），在购买过程中是否有专家官员参与指导（如通晓贸易标准、环境卫生或法律的人员）。

8.3.1.6 环境型购买强制性竞争投标

一些地方行政单位的活动现在应服从于强制性竞争投标。地方行政机关施加给签订合同者的环境约束权力是有限的。然而他们确有责任依照消费者保护法对产品规定一些标准。他们还有责任合理地保护消费者，应用一些特殊技能确保产品适合人们的消费目的，并且使服务也与消费者的需求相一致。投标文件必须避免提供对某一特别供应者有利的描述。不允许使用技术上专门术语指明一些特别制作部件或使用材料或以某种特别生产过程进行生产等而导致倾向一些产品进而使其他可选产品处于劣势。应禁止在合同中包括非商业性东西。一些地方行政当权部门在他们的购买政策中应制定出环境标准。

8.3.1.7 生命周期分析

环境型购买政策应基于选择在整个生命周期中对环境影响最小的产品。这种方法就是被称为生命周期分析的方法，即对产品在使用和处理的过程中产生的影响进行记录，从原材料的开采、生产和销售过程中能源的消耗到它的使用，可能的再利用或回收，直到最终处置。以此来评估产品的环境影响以确立其环境标志。[①]

① Flood M. Life cycle analysis［J］. Warmer Bulletin，1992（340）：14－15.

8.3.1.8　环境型购买管理问题

制定行之有效的环境型购买政策可能会包括组成一个跨部门的小团队，其责任是在主管的范围内找出问题，提供指导，然后负责完成新的购买政策。每个团队成员都应提供有关专业方面的技术指导，如产品的安全性、合法性和技术性等。负责采购的官员们同样在制定环境型购买政策中起着关键的作用。除他们可根据的购买控制政策如贸易描述法、食品安全法和保护消费者权益法之外，负责采购的官员还可把环境标准写在购买合同中。

8.3.1.9　实施

成功地实施环境型购买政策需依赖教育和培训促使所有人员严格地按照所购买产品对环境的影响来考虑和采取行动。评估以下内容：购买是否必要（能否借用、共用或租用）；这些所购产品是否最符合他们的意图；是否可以减少一些所购物品的量；所购产品对健康和环境是否有害等。

8.3.1.10　成功地实施环境型购买政策的重要因素

一个旅游企业想成功地实施购买政策要做好以下七个方面：在企业内提倡传播有关环境型购买政策和举措的信息；印刷有关环境型购买政策和举措的宣传资料，向组织内的成员和公众作宣传；为了达到环境目标，要与工会、地方对此感兴趣的团体、其他公众权力机关、环境团体、教育部门和商界进行广泛的合作；鼓励组织内全体人员对环境的挑战采取恰当的一致行动；阐明采取环境型政策的目的；在组织内部任命环境联络员，最好是管理小组中的成员之一，有主要掌权人士的支持，必要时有权对有损环境的活动进行改变；判定出主要的环境行为领域；形成和实施一个行动计划，此计划基于以上的主要环境行为领域；监测和做定期的环境政策回顾。

8.3.2　购买审计的参考术语

审计的参考术语应该适合所有不同行业的企业和部门。本章在此描述部分购买审计一般常用的参考术语。同时也总结了企业通常购买的不同产品类型对环境的主要影响。①

① 谢芳等. 购买审计——环境审计的重要类型之一［J］. 中国环境科学，2002，22（2）：184－188.

8.3.2.1 环境保护型产品

产品耐用而且可重复使用或可再循环利用并可生物降解；产品包装少但包装的效果很好；在生产使用和最后处置过程中不会持续地释放有毒物质；此产品生产时所用的材料是可回收的或可再利用的资源，这些材料的获得不会对环境产生污染；此产品附有一些生产信息，如产地、工作程序、动物试验和生产厂家的其他一些事项。

8.3.2.2 纸制品

许多旅游企业要消耗大量的纸和纸产品。回收纸张并使用回收纸的环境优点在于节省能源和减少废物处理。回收纸所需的能源要比制作新纸所需能源节省一半。使用回收的纸张和回收纸制作的产品可以缓解废物处理负担和其对环境的影响。在许多方面可以使用回收的纸替代原纸。购买纸和纸制品也应检查是否有必要购买，以便最大可能地减少消费。也有必要评估为某种特殊目的所要使用纸的等级即某些方面使用的纸并不需要昂贵的、上档次的或者纯白纸。低级纸的生产对环境的影响小。

造纸工业主要工艺流程为备料、制浆、碱回收、漂白、抄纸等。原料制备过程中产生粉尘、树皮、木屑、草末；制浆和碱回收、漂白过程中产生废气、粉尘、废水、石灰渣等；抄纸过程中产生的白水，都含有污染物。造纸工业对环境的污染可分为水污染、大气污染和固体废弃物污染三类。一般污染不能避免。

8.3.2.3 耗能产品

如果要保存燃料资源，控制污染，就必须限制能源需求。英国生产能源过程中向大气释放大约70%的SO_2和30%的NO_x（导致酸雨），30%的CO_2（温室气体）。燃煤发电会污染大气，通过烟气治理，仍有大量碳排放，灰渣含有重金属毒物。燃油发电或者供汽车或者船舶及动力机械等的能源，排放氮氧化物，颗粒物污染。燃气有氮氧化物污染。

因此在购买一些产品时应尽可能考虑节省能源，如在购买建筑材料、电器、取暖设备和交通工具等时考虑节能问题。

8.3.2.4 含氟里昂产品

氟里昂是一种化学物质，过去被广泛地用于气溶胶、电冰箱、溶剂、清洁剂、绝缘材料和建筑用泡沫材料的生产中。这些化学物质尤其是损害对地球有保护作用的臭氧层。不使用这些化学品，并且安全地处置含氟里昂的废物，有助于减少温室效应的影响。

8.3.2.5 含铅产品

铅是一种有毒的金属，会存在于宾馆和景区的装修材料、油漆、涂料、电子产品、电镀产品、家具、含铅用具和工艺品等。它可以积聚在环境和人体中。在一段时间内人体所吸收的少量铅就足以引起严重的身体疾病。要采取措施把环境中的铅含量降到最低限度，也必须保证含铅的废弃物得到安全处置。

8.3.2.6 含不可再生资源的产品

一些产品的生产要使用不可再生的原料，导致严重的环境损害。因此有必要购买这些产品的替代物，例如，热带雨林的减少威胁着生物物种的多样性，在某种程度上释放了储存在有机物质里的二氧化碳（结果成为温室效应的诱因）。对一种原料进行开采意味着在一个地区消除一些自然特征，并且还会产生噪声、振动和尘埃等物质以及影响水位，泥炭的生产会毁掉在潮湿地栖息的稀有动物，因为泥炭是一种经过几千年所形成的天然沼泽地产物，属于不可再生资源，开采行为对环境破坏很大。

8.3.2.7 含有石棉的产品

石棉是天然纤维状的硅质矿物的泛称，既是一种被广泛应用于建材防火板的硅酸盐类矿物纤维，也是唯一的天然矿物纤维，它具有良好的抗拉强度和良好的隔热性与防腐蚀性，不易燃烧，故被广泛应用。石棉本身并无毒害，它的最大危害来自它的纤维，这是一种非常细小，肉眼几乎看不见的纤维，当这些细小的纤维释放以后可长时间浮游于空气中，被吸入人体内，被吸入的石棉纤维可多年积聚在人身体内，附着并沉积在肺部，造成肺部疾病。石棉纤维是致癌物，会对人类的健康产生威胁。应该采取措施把环境中的石棉含量减少到最低限度。因此有必要确保含有石棉的废弃物得到安全的处置。

8.3.2.8 耗水产品

在使用过程中会耗费大量的水。要想避免水源的枯竭和大量用水地区的水位下降，保护水资源是必需的。

8.3.2.9　含漂白剂和磷酸盐（酯）的产品

在生产一些化学清洗剂的过程中，漂白剂和磷酸盐对河流环境有严重的影响，漂白剂是剧毒而磷酸酯会导致河流湖泊等富营养化，应该避免使用含有这些原料的产品，并且应寻找可接受的替代物。

8.3.2.10　含对身体有害物质的产品

对身体有害物质控制条例影响着某些办公用品的储存和使用。许多这样的产品在条例中都列出了，如清洗产品、办公用品、庭院和地面维修用的化学品等。如果它们被标上有毒，那么必须附上写好的使用程序，还要对使用这些化学品的人员进行教育和培训。必须让所有有关的人员了解这些程序。每个部门都必须任命一名联络员，当购买包含在对健康有害物质控制条例中的一些产品时，可以向他进行咨询。据报道每年有许多人由杀虫剂剧毒而引起死亡。采购者在购买有毒杀虫剂时应寻找其替代物。①

8.3.3　购买审计的实施及审计对照清单

购买审计提供给我们一种方法，以此来评估和完成对商品和服务的环境检查和控制。评估的过程还有助于制定生态型购买政策，并且促使组织对购买所产生的环境影响引起高度注意。

8.3.3.1　购买审计的具体实施

把所有购买的东西分类登记，列出对环境有重大影响的商品，对于每一次对环境有重要影响的购买，在内部审计中应做以下衡量：所购货物的量；用于这些产品上的费用；购买对环境无损害型产品所占比例。由于有了定期的评估，这些衡量尺度能够检测一段时间内的购买趋势，确立减少消费有害产品最基本的目标和增加消费对环境危害小的产品。购买责任也应确立为购买审计中的一部分。在每一次对环境有重大影响的购买活动中，审计人员要对以下事项负责任：判定所购物品的类型、数量和产地；调研并辨别出对环境危害小的产品；根据每一购买政策和目标进行衡量、监测和报告。

① 谢芳．购买审计与生态导向型消费［J］．上海环境科学，2002，21（3）：189－191.

8.3.3.2 购买审计对照事项清单

旅游企业在购买审计过程中，参考上面的术语，可对照以下事项。

表8-1 购买审计对照事项清单

购买产品名称	对环境的潜在影响	审计内容
1. 含纸的产品	原料制备过程中产生粉尘、树皮、木屑、草末；制浆和碱回收、漂白过程中产生废气、粉尘、废水、石灰渣等；抄纸过程中产生的白水，都含有污染物	当可行时，是否购买了回收纸制作的产品；废纸是否被再利用和回收；是否根据使用纸的等级而购买纸张
2. 含消费能源的产品	燃煤发电会污染大气，有大量碳排放，灰渣含有重金属毒物。燃油发电或者为汽车、船舶及动力机械等供能，排放氮氧化物，颗粒物污染。燃气有氮氧化物污染。这些是造成大气污染和酸雨的主要原因	购买的是否为节能的灯泡和灯管、是否为能耗小的设备、是否为节油汽车或电瓶车
3. 含氟里昂的产品	氟里昂之所以破坏臭氧层是因为制冷剂中有氯元素的存在。它化学性质稳定在对流层中不会分解，由于密度比空气小就一直飞到平流层。在平流层中受紫外线的照射含氯的氟里昂中的氯原子在平流层会分离出来，与臭氧分子作用生成氧化氯和氧分子。氧化氯能与臭氧作用，重又生成氯原了和氧分子。这样不断重复，使臭氧大量被破坏	购买的产品是否用氟里昂制作或含氟里昂（如溶剂、制冷剂，泡沫、烟雾剂等）；含有氟里昂的灭火器是否被取代了；现有的含氟里昂的产品在其使用、服务和处置时是否受到了控制；是否优先购买非加压抽出的可再利用的喷雾或非喷雾产品而不购买烟雾剂
4. 含铅的产品	铅元素不仅会阻碍人体血细胞的形成，还能通过血液进入脑组织，造成脑损伤。当体内的铅积累到一定程度时，就会出现精神障碍、噩梦、失眠、头痛等慢性中毒症状	是否购买了含铅产品（如酒店装修用油漆、涂料、建筑材料和铅管类制造材料、燃料等）电子产品、电镀产品、家具、含铅用具和工艺品等；或不含铅的产品；是否使用不含铅汽油
5. 含不可再生资源的产品	不可再生资源指经人类开发利用后，在相当长的时期内不可能再生的自然资源。如矿石资源、土壤资源、煤、石油等	是否购买了热带硬木的制品，矿产品或泥炭

续表

购买产品名称	对环境的潜在影响	审计内容
6. 含石棉的产品	石棉本身并无毒害，它的最大危害来自它的纤维，这是一种非常细小，肉眼几乎看不见的纤维，当这些细小的纤维释放以后可长时间浮游于空气中，被吸入人体内，被吸入的石棉纤维可多年积聚在人身体内，附着并沉积在肺部，造成肺部疾病	是否购买了含有石棉的产品（绝缘材料和建筑材料、联轴加固衬料等）
7. 耗水产品	水源的枯竭和大量用水地区的水位下降	是否购买了节能用水装置或器具。如节水洗衣机、宾馆使用的节水淋浴花洒、节水龙头、节水马桶、餐馆洗碗机、直饮水机等
8. 含漂白剂和磷酸盐的产品	磷酸盐是一种高效助洗剂，同时也是藻类的助长剂，水中的磷含量升高，水质趋向富营养化，会导致各种藻类、水草大量滋生，水体缺氧会导致鱼类死亡等现象	是否购买的为不含漂白剂和磷酸盐的产品，是否为环保型、可生物降解的清洗原料
9. 含有对身体有害物质的产品	人们在生产条件下或日常生活中所接触的，能引起疾病或使健康状况下降的物质	尽量不购买含有对健康有害物质的一些产品。查看的产品如清洗产品、办公用品、庭院和地面维修用的化学品等

8.4 对旅游者生态购买行为的审计

旅游购物品商店要使用可降解的包装袋并出售绿色环保型旅游购物品。旅行社在经营中不能一味招徕顾客，安排的娱乐场所必须是有利于旅游者身心健康的，不能带领旅游者去赌博、色情等娱乐场所消遣，餐馆就餐不能点珍稀动物。

8.4.1 政策法规对旅游者购物的相关约束

8.4.1.1 《中华人民共和国禁止携带、邮寄进境的动植物及其产品名录》

2012年农业部国家质量监督检验检疫总局公告（第1712号）发布，为防止动植物疫病及有害生物传入，保护我国农林牧渔业生产和公共卫生安全，根据《中华人民共和国进出境动植物检疫法》、《中华人民共和国动物防疫法》和《中华人民共和国种子法》规定，农业部和国家质量监督检验检疫总局组织修订了《中华人民共和国禁止携带、邮寄进境的动植物及其产品名录》。见表8－2。①

表8－2 中华人民共和国禁止携带、邮寄进境的动植物及其产品名录

类别	包括内容
动物及动物产品类	（1）活动物（犬、猫除外），包括所有的哺乳动物、鸟类、鱼类、两栖类、爬行类、昆虫类和其他无脊椎动物，动物遗传物质 （2）（生或熟）肉类（含脏器类）及其制品；水生动物产品 （3）动物源性奶及奶制品，包括生奶、鲜奶、酸奶，动物源性的奶油、黄油、奶酪等奶类产品 （4）蛋及其制品，包括鲜蛋、皮蛋、咸蛋、蛋液、蛋壳、蛋黄酱等蛋源产品 （5）燕窝（罐头装燕窝除外） （6）油脂类，皮张、毛类，蹄、骨、角类及其制品 （7）动物源性饲料（含肉粉、骨粉、鱼粉、乳清粉、血粉等单一饲料）、动物源性中药材、动物源性肥料
植物及植物产品类	（1）新鲜水果、蔬菜 （2）烟叶（不含烟丝） （3）种子（苗）、苗木及其他具有繁殖能力的植物材料 （4）有机栽培介质

① 农业部国家质量监督检验检疫总局公告，第1712号，中央政府门户网站，http：//www.gov.cn/zwgk/2012－03/02/content_ 2081510.htm.

续表

类别	包括内容
其他检疫物类	（1）菌种、毒种等动植物病原体，害虫及其他有害生物，细胞、器官组织、血液及其制品等生物材料 （2）动物尸体、动物标本、动物源性废弃物 （3）土壤 （4）转基因生物材料 （5）国家禁止进境的其他动植物、动植物产品和其他检疫物
备注	通过携带或邮寄方式进境的动植物及其产品和其他检疫物，经国家有关行政主管部门审批许可，并具有输出国家或地区官方机构出具的检疫证书，不受此名录的限制；具有输出国家或地区官方机构出具的动物检疫证书和疫苗接种证书的犬、猫等宠物，每人仅限一只

8.4.1.2　《中华人民共和国旅游法》

《中华人民共和国旅游法》是为保障旅游者和旅游经营者的合法权益，规范旅游市场秩序，保护和合理利用旅游资源，促进旅游业持续健康发展制定。由全国人民代表大会常务委员会于2013年4月25日发布，自2013年10月1日起施行。在第二章第九条中规定旅游者有权自主选择旅游产品和服务，有权拒绝旅游经营者的强制交易行为；旅游者有权知悉其购买的旅游产品和服务的真实情况；旅游者有权要求旅游经营者按照约定提供产品和服务。在第十三条中规定旅游者在旅游活动中应当遵守社会公共秩序和社会公德，尊重当地的风俗习惯、文化传统和宗教信仰，爱护旅游资源，保护生态环境，遵守旅游文明行为规范。

8.4.1.3　《游客不文明行为记录管理暂行办法》

2015年4月6日国家旅游局出台了《游客不文明行为记录管理暂行办法》，该办法被旅游业内称为“游客黑名单”。根据办法规定，“游客不文明行为”是指游客在旅游活动中，因违反法律、法规及公序良俗等受到行政处罚、法院判决承担法律责任，或造成严重社会不良影响的行为。被列入“游客不文明行为记录”的有以下几种：扰乱公共汽车、电车、火车、船舶、航空器或者其他公共交通工具秩序；破坏公共环境卫生、公共设施；违反旅游目的地社会风俗、民族生活习惯；损毁、破坏旅游目的地文物古迹；参与赌博、色情活动等以及严重扰乱旅游秩序的其他情形。未来，“旅游不文明行为记录”将分级建立，全国一级、省级旅游主管部门都可以设立不文明记录，记录内容包括不文明行为当事人的姓名、性别、户籍省份；不文明行为的具体表现及所造成的影响和后果；以及对不文明行为的记录期限等。而被纳入记录的违规者，有可能会在信贷、出国时受到影响。截至 2016 年 9 月，纳入全国旅游不文明行为记录的已达 20 人次。其中，与购物相关的被纳入“黑名单”的有云南一男游客参加旅行社组织的赴台湾旅游，在台东县富山渔业资源保育区参观游览时，盗采活体珊瑚共计 0.5 公斤，违反当地环保法相关规定，被法院处以 4000 元新台币的罚款。上海一男游客与妻子从上海抵达日本札幌拟赴冲绳旅行。夫妻二人在札幌入住酒店附近的便利店购物，因妻子在付款前即撕开包装食用，遭到店员制止，并被告知不得在店内进食。该游客认为店员有辱其妻，随即挥拳殴打店员，导致该店员鼻子和脸受伤。① 旅游市场上“黑名单”的出台似乎就是对这样的行为对症下药，希望对于这样的不文明行为说“不”。只是，如果要想真正实现这样的旅游“黑名单”落地，就必须坚持“法”、“德”并举之方针，否则难以取得预期的效果。而这样的落地，其实也能够迎来旅游市场真正的文明秩序的更迭。②

各地方政府也建立健全了具有刚性约束力的规范内容。如《成都市旅游业促进条例》增加了建立游客不文明行为记录管理制度、建立健全旅游投诉处理机制等具有刚性约束力的规范内容。

8.4.2 旅游生态警察对旅游者的监督管理

国外在对旅游环境进行保护和对旅游购物的生态管理上，还采取了一些特别措施，如设立旅游警察、生态警察局，值得我们学习和借鉴。

8.4.2.1 旅游警察

旅游警察是一些旅游发达国家为确保旅游安全而建立的专门队伍。泰国政府

---

① 全国游客“黑名单”制度已建立，央视财经 2016－09－18，http://mt.sohu.com/20160918/n468611785.shtml.

② 旅游“黑名单”落地需要“法”“德”并举，中国文明网，2015－04－20，http://www.wenming.cn/.

于 1982 年应旅游局的要求，批准建立旅游警察队伍，派驻各主要旅游城市，与当地旅游办事处合署办公，主要负责处理外国旅游者钱财被盗、物品丢失、费用处理问题引起的纠纷及人身恐吓等案件。旅游委员会于 1988 年在旅游局局长办公室内成立了游人协助中心，以便与旅游警察及其上级主管部门协调、配合，从而形成了一套独特的旅游警察制度。随着到泰国的外国游人的不断增加，旅行中发生的纠纷和案件逐渐增多，但由于加强了旅游警察的巡逻、检查，首都曼谷的繁华街道和度假胜地帕塔亚的闹市区发生的犯罪案件明显减少。

泰国旅游警察的六大任务是：

（1）应外国旅游者要求，提供有关信息情报；

（2）应外国旅游者要求，担当翻译导游；

（3）当发现外国旅游者将被卷入旅行纠纷时，应加以阻止，以免损害泰国对外旅游形象；

（4）劝告外国旅游者应尊重泰国市民的风俗习惯；

（5）对外国旅游者欲购泰国法律禁止销售的佛像、古董及动物毛皮等物品的不当行为，要加以劝说；

（6）监督和阻止破坏旅游资源的不良行为，必要时应向所管辖的部门报告情况。①

8.4.2.2　生态警察局

在奥地利维也纳有一个特殊警察局，称为“生态警察局”，有警察 50 多人。他们的日常工作是同污染和破坏环境者进行斗争。这些特殊警察巡逻在公园、游乐园等地方，能准确确定违法构成，制止违法行为。他们乘坐的汽车上装有专门的技术设备，可以很快对土壤、空气、水质和居民点环境进行必要的考察和监测，并能准确确定给自然环境带来的损害程度。在美国的纽约市有一支特殊的环保警察部队。环保警察除了学习一般的警察课程外，还要学习生态学和环保知识，学会在实验室和犯罪现场作化学分析检测。环保警察也佩戴手枪，而且经常要与有害物质打交道。因此，他们经常要戴上厚橡皮手套，有时还要头戴呼吸面

---

① 谢芳，张艳玲．旅游生态与环境管理［M］．北京：清华大学出版社，北京交通大学出版社，2010.

罩，身穿防化服。

图 8－1　美国东北部康乃狄格州（Connecticut）的生态警察

图 8－2　美国东北部康乃狄格州（Connecticut）的生态警察①

① 美国东北部康乃狄格州的生态警察，资料来源：http：//www. ct. gov/dep/cwp/view. asp.

8.5 对导游导购的职业道德审计

旅游活动包含“食、住、行、游、购、娱”六大要素，在正常情况下，旅行社团队旅游的报价会涵盖“食、住、行、游”四大要素，“购、娱”两大要素由游客在目的地自由选择和自愿支付。但在当前很多情况下，“购”则成为游客在目的地必须要选择的消费项目，而且所购物品多是价高质次的伪劣商品，游客权益因此受到严重侵害，导致游客的强烈不满。从“零利润”、“零团费”到“负团费”，游客被要求购物的程度依次递增，强迫或变相强迫购物发生的可能性也相应增加。①

要加强对导游强迫或变相强迫购物的审计。并且导游要在游览前和游览中对游客进行环保教育和监督游客的行为，制止游客一切破坏环境的行为。新颁布的《中华人民共和国旅游法》规定，旅行社不得有强迫游客购物等行为。为保护旅游者权益，《旅游法》中对导游、领队提出了要求。导游和领队为旅游提供服务必须接受旅行社委派，不得私自承揽导游和领队业务；不得擅自变更旅游行程或者中止服务活动，不得向旅游者索取小费，不得诱导、欺骗、强迫或者变相强迫旅游者购物参加另行收费的旅游项目。

国家旅游局发布公告，将《旅行社条例》和《中国公民出国旅游管理办法》两部行政法规进行了合并修订，形成了《旅行社条例（修订草案送审稿）》，新《条例》将对旅游购物等旅行社强迫游客消费的行为进行规范。为加强旅游业管理，规范旅游市场秩序，保障旅游者、旅游经营者和服务人员的合法权益，促进旅游业的发展，各地也陆续制定了一些条例，如昆明市的《昆明市旅游业监察条例》第二十二条中规定旅游经营者或者旅游服务人员不得利用宗教、民俗活动或者其他方式误导、欺骗、胁迫旅游者消费。②

① 陈永昶，徐虹，郭净．满意均衡——基于供应链视角对游客满意与旅游购物问题的探讨［J］．旅游学刊，2013，3（28）：80－86.

② 昆明市旅游业监察条例，2016－12－08，http：//laodongfa. yjbys. com/xin/498459. html.

8.6 推进绿色购买审计的保证措施

8.6.1 增强旅游者绿色消费意识

加大宣传和教育力度，尽快形成绿色消费意识、氛围和时尚。绿色消费是环境型购买政策的基础。绿色消费导购和环境标志对绿色购买趋势和购买行为有一定的影响。

8.6.1.1 绿色消费导购

使用绿色消费导购，消费者就能以两种互补的方式鼓励生产厂家和供应商提供对环境影响小的产品：以购买对环境无害产品来鼓励支持其生产厂家，以不买对环境有害的产品来约束其生产厂家。绿色消费导购也有助于提高公众关于购买对环境产生影响的意识。

8.6.1.2 生态标志

环境标志是一种标在产品或其包装上的标签，是产品的“证明性商标”，它表明该产品不仅质量合格，而且在生产、使用和处理处置过程中符合特定的环境保护要求，与同类产品相比，具有低毒少害、节约资源等环境优势。

实施环境标志认证，实质上是对产品从设计、生产、使用到废弃物处理处置，乃至回收再利用的全过程（也称“从摇篮到摇篮”）的环境行为进行控制。它由国家指定的机构或民间组织依据环境产品标准（也称技术要求）及有关规定，对产品的环境性能及生产过程进行确认，并以标志图形的形式告知消费者哪些产品符合环境保护要求，对生态环境更为有利。正是由于这种证明性标志，使得消费者易于了解哪些产品有益于环境，并对自身健康无害，便于消费者进行绿色选购。而通过消费者的选择和市场竞争，可以引导企业自觉调整产业结构，采用清洁生产工艺，生产对环境有益的产品，最终达到环境保护与经济协调发展的目的。

在一些国家如加拿大、美国和德国制订了一些生态标志方案，作为一种向消费者通报产品对环境影响的方式。最早和搞得最好方案之一的是德国蓝色天使方案，从 1978 年起设立，包括 2000 多种产品。生态标志可用来对类似产品购买的影响进行比较，并且判别出对环境影响小的产品。

中国环境标志图形中心由青山、绿水、太阳组成，表示人类赖以生存的环境，外围十个环紧密结合，环环相扣，表示公众参与，共同保护环境。其寓意为“全民联合起来，共同保护人类赖以生存的环境”。该标志具有明确的产品技术要求，对产品的各项指标及检测方法进行了明确的规定。中国环境标志已成为国家推动循环经济战略的重要手段。同时还能使整个团体组织和个人对他们的购买活动对环境影响的认识得到提高。

8.6.2 全社会参与旅游者“黑名单”制度的贯彻

“暂行办法”发布至今，散客的不文明旅游行为似乎成了监管的真空。对于一些可能通过旅行社的组织、导游领队的提前告知和提示可以避免的一些不文明行为，在散客身上可能更容易发生。

如何有效地监管散客的旅游不文明行为，景区、酒店及飞机、火车等经营主体及机场、火车站等游客聚集的交通枢纽管理者也要承担起引导旅游者进行文明旅游的责任，通过发放宣传资料、设立宣传栏、播放宣传片等向旅游者宣传文明旅游；同时，在出现不文明旅游行为可能需要被登记到“黑名单”时，也应配合进行相关证据的收集、提供和情况的核实。游客“黑名单”制度的贯彻离不开社会舆论的帮助和社会公众的支持。

8.6.3 建立旅游产品绿色供应链

绿色旅游产品供应链的终点是旅游者，旅游者是对旅游产品和服务进行最终消费的群体，只有当设计出的产品符合旅游者需求，才能销售出去、获得利润。建立以顾客需求为导向的绿色旅游供应链，确保提供的旅游产品是生态旅游产品必须增强供应链各旅游企业的合作。绿色旅游供应链上的各节点企业不是孤立存在，而是相互依存的。如果缺乏任何企业的参与，供应链将变得不完整，不能全面地满足旅游者的需求。因此，要加强链上各旅游企业的协调与合作，提高各方的参与程度，最终提高整个供应链的绿色服务产品的环境质量。

在传统的“旅游产品供应商——旅行社——旅游者”这一供应链中，旅行社处于核心地位，它将各种绿色旅游产品和服务进行整合，并将其提供给旅游者进行最后的消费。旅行社可以印制环保知识小册子，根据不同企业的特征制定不同的环保标准，使各旅游企业和旅游者对环保的认识得到提高。此外，旅行社在选择旅游产品供应商的时候，要考虑到该供应商是否遵循绿色营销的原则，根据其制定的标准，选择具有绿色经营理念的旅游产品供应商作为合作对象，在供应链的起点就把好绿色质量关，从而建立起真正意义上的绿色旅游供应链。

8.6.4 严格购物体系监管和审查制度

8.6.4.1 购物店诚信监管

“购”是旅游六要素之一，购物需求是游客的基本需求。加强旅游购物商店管理，保障旅游者和商品经营者的合法利益，建设诚信旅游购物品牌，构建诚信旅游购物系统，实施旅游购物店诚信、质量认证。国家应尽快出台一套有利于旅游消费者的监管政策，进一步降低消费者购买成本，引导旅游购物店的规范化发展，让旅游消费者能用相对便宜的价格买到放心的绿色产品。

8.6.4.2 导游服务工作审查

旅游行政管理部门和旅行社应联合加强对导游服务工作的监管，借助游客监督，建立监管档案，明确惩处措施，防止导游人员为追求个人利益的最大化而出现的败德行为。强化年审，除考核专业知识外，将监管记录引入对导游人员的年终审查，重点加强对导游人员职业道德素质的考察，落实奖惩制度，汰劣存优，实现导游队伍的良性循环。在导游人员的选拔方面可考虑适当提高导游队伍的准入门槛。完善导游人员学习培训体系。服务质量是顾客满意和顾客忠诚的基础，通过学习培训不断提高导游人员的职业技能和道德素质，提高导游生态型服务质量。①

8.6.4.3 导游应引导游客文明旅游

导游不仅要做好游客旅行生活的照料，更应该做好文明旅游的引导。《旅游法》当中有多个条款涉及游客文明旅游：第四十一条要求导游（领队）应向旅

① 刘晖．导游服务质量问题的根源分析与对策研究——基于利益相关者理论和游客感知视角［J］．旅游学刊，2009，24（1）：37－41.

游者告知和解释文明行为规范，引导旅游者健康、文明旅游；第六十六条明确，若旅游者从事违法或违反社会公德的活动，旅行社可以解除合同。导游（领队）人员应该熟读旅游法，利用合同来引导游客文明旅游。导游讲解是导游活动过程中的一项重要内容，以往导游讲解比较注重的是目的地的概况、沿途景观、旅游安全等内容。当下，导游讲解在注重上述内容时，更应该增加文明旅游的讲解内容。法律属硬性范畴的管理规范，一个行业的健康发展，还需自节自制。导游在旅游过程中应时刻以身作则，不断提高自身的素质和修养，做文明旅游的践行者。正因为导游职业所处的特殊位置——沟通与引领，因此，导游能够影响游客的行为，导游应负起这一责任，为旅游的生态型购买敢负责、敢担当。

第9章　旅游产品环境审计

据世界旅游组织预测，到2020年我国将成为世界上最大的旅游目的地国和第四大旅游客源国。旅游业为我国经济的发展做出了很大的贡献。然而我国旅游业在快速发展的同时，也对生态环境造成了巨大的影响。众所周知，旅游业是对环境依赖程度很高的产业，而旅游产品是旅游企业一切经营活动的主体，是旅游发展的核心要素，搞好旅游产品环境审计是旅游业可持续发展的必要条件。生命周期评价是对清洁生产诊断和评价的有效工具。为了改善旅游产品在其整个生命周期过程中对环境造成的影响，运用生命周期评价方法对旅游产品进行环境审计，从而促进旅游业的可持续发展。

9.1　旅游产品环境审计

学者们对旅游产品概念的认识颇不一致，比较有影响的意见大体有两种：其一是认为旅游产品是指旅游者从居住地到旅游地，然后再返回原处的全部经历；其二是认为旅游产品就是旅游资源、旅游商品以及旅游服务等各种事物与现象的总和，这两种说法均给人以空泛感。许春晓（1997）将其认定为利用旅游资源加工提供给旅游者消费的物质和精神享受的总和。

旅游产品除了具有一般产品的有关性质外，还拥有两大特性：其一是空间上的相对凝固性。旅游产品的形成受制于旅游资源的空间分布，它在一定的旅游资源区形成，并与有关区域要素（点、线、面）紧密地联系在一起。其二是时间上的相对稳定性。首先是任一旅游产品均为公共消费品，可以在相当长时间内为大众所共同享受；其次是对任一消费者来说，对旅游产品的消费以一定的占用时间为消费标志，即“游历”；最后是任一消费者可重复消费同一旅游产品，虽然每一次消费的时间并非完全一致，但是总在一个相对稳定的“域”内摆动。[①]

环境审计（Environmental Auditing）是一个相对较新的概念，而且被称为“20世纪90年代的挑战”。它诞生于1970年，20世纪90年代中期被国际审计界所接受。而我国旅游环境审计处于探索阶段，尚未建立起一套完整的环境审计制度，但旅游环境审计是大势所趋，它与旅游环境影响评价相得益彰，相互补充，对于实现可持续旅游具有可操作层次上的意义。

对旅游产品进行环境审计，要保证现有的及预期的旅游产品满足环境政策原则。如旅游运营商的野生动物观赏包价游可评审其旅游人数、设施及住宿类型等。企业设计能满足高质量环境要求的产品，如以无铅汽油为燃料的机动车辆运送旅客；或追求“绿色”，如徒步或自行车旅行假日。[②]

旅游产品审计将揭示该企业产品系列的环境负责状况，同时对如何改进产品、使之具有更好的环境友好型提出建议。比如，如果旅游经营者将汽车租赁作为包价度假的组成部分，那么他们就能确保其经营使用无铅汽油；汽车长途旅行经营商在历史城镇可以选择路线以避开对古老建筑设施的破坏。旅游经营者们还可以鼓励使用废弃的当地房产，将其稍加修缮用于住宿。为了保护环境，对旅游产品应该进行改善：如开展保护野生动物公益劳动假期、对关注特种野生动物和自然历史的游客人数进行限制等。由此，旅游产品审计或许可以让企业在计划中制定清晰的环境绩效披露报告，并且采用内外双重审计方法来建立简单有效的环境监控体系。[③]

企业在成立之初，就可以前瞻性地制定生态旅游环境政策。位于加拿大艾伯塔（Albert）的一家名为Treadsoftly的家族经营的山地车旅行私营企业就采用了这一制度。并且随着业务的扩大，逐步完善其环境管理体系，整合正式的管理系统（如环境政策、规范和程序）与非正式的管理系统（信仰与伦理），把环境管

① 许春晓．“旅游产品生命周期论”的理论思考［J］．旅游学刊，1997（5）：44－47.

② Dimitrios Diamantis. Environmental Auditing ：A Tool in Ecotourism Development［J］. Eco－Management and Auditing，1998（5）：15－21.

③ Herremans，I. M.，Welsh. C. Developing and implementing a company's ecotourism mission statement Treadsoftly revisited［J］. Journal of Sustainable Tourism，2001，9（1）：76－84.

理体系变成现行的自评系统的一部分，持续改进。①

9.2 产品生命周期评价方法

9.2.1 产品生命周期评价的概念

LCA 已经纳入 ISO14000 环境管理系列标准，成为国际上环境管理和产品设计的一个重要支持工具。ISO14040：1999 对生命周期评价（Life Cycle Assessment，LCA）的定义是：汇总和评价一个产品、过程（或服务）体系在其整个生命周期的所有阶段对环境造成的和潜在的影响的方法。② 有时也称为“从摇篮到坟墓”的评价方法，其关注的是产品生命周期的四个阶段：生产（包括原料的使用）、销售/运输、使用和后处理，因为在每个阶段产品（或服务）都以不同的方式和程度影响着环境。生命周期评价已被认为是 21 世纪最有潜力的可持续发展支持工具。③

9.2.2 产品生命周期评价的技术框架

ISO14040 将生命周期评价分为相互联系的、不断重复进行的四个步骤：目的与范围的确定、清单分析、影响评价和生命周期解释，如图 9－1 所示。

9.2.2.1 目的与范围的确定

生命周期评价的第一步是确定研究目的与界定研究范围。研究目的应包括一个明确的关于 LCA 的原因说明及未来后果的应用。目的应清楚表明根据研究结

---

① Cameron Welsh，Robin E. Reid，2006，“Treadsoftly An Environmental Education Company Inc. ——The Environment and the Business of Backcountry Tours，Part 2：Creating Environmental Controls”，Irene M. Herremans，<Cases in Sustainable Tourism，An Experiential Approach to Making Decisions>，The Haworth Hospitality Press，New York：99－108.

② International Standards organization（ISO）. ISO14040，Environmental management — life cycle assessment — principles and framework [M]. Geneva，Switzerland：1997.

③ 谢芳，李慧明，李丹. 基于全生命周期评价的邮轮环境污染控制机理及其应对策略 [J]. 海洋通报，2010，6（29）：702－706.

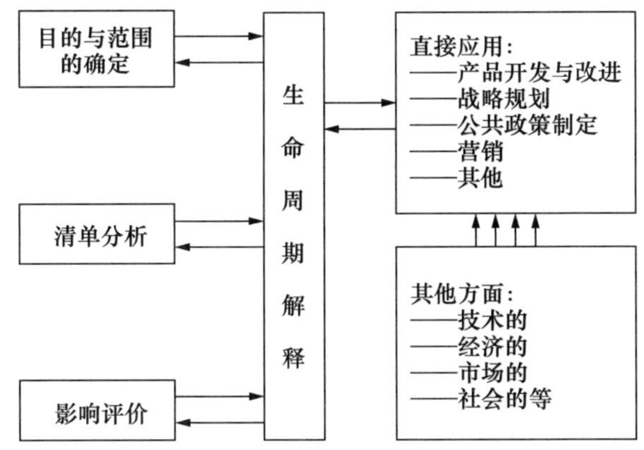

图9-1 ISO14040生命周期评价框架①

果将做出什么决定、需要哪些信息、研究的详细程度。研究范围定义了所研究的产品系统、边界、数据要求、假设及限制条件等。

9.2.2.2 清单分析

清单分析是LCA基本数据的一种表达，是进行生命周期影响评价的基础。清单分析是对产品、工艺或活动在其整个生命周期阶段的资源、能源消耗和向环境的排放（包括废气、废水、固体废弃物及其他向环境中的释放物）进行数据量化分析。清单分析的核心是建立产品系统的输入和输出（即建立清单）。通常系统输入的是原材料和能源，输出的是产品和向空气、水体以及土壤等排放的废弃物。

9.2.2.3 影响评价

影响评价实质上是对清单分析的数据进行定性或定量排序的一个过程。过程分为三步即影响分类、特征化和量化。分类是将从清单分析中得来的数据归到不同的环境影响类型。影响类型通常包括资源耗竭、生态影响和人类健康三大类。特征化即按照影响类型建立清单数据模型。量化即加权，是确定不同环境影响类型的相对贡献大小或权重，以期得到总的环境影响水平的过程。

① Allan Astrup Jensen，Leif Hoffman . Life Cycle Assessment - A guide to approaches，experiences and information sources [M] . European Environment Agency，Copenhagen：1998.

9.2.2.4　生命周期解释

根据ISO14043的要求，生命周期解释主要包括三个要素，即识别、评估和报告。识别主要是基于清单分析和影响评价阶段的结果识别重大问题；评估是对整个生命周期评价过程中的完整性、敏感性和一致性进行检查；报告主要是得出结论，提出建议。①

9.3　生命周期评价在旅游产品环境审计中的应用

9.3.1　旅游产品的生命周期分析

生命周期评价法一般都用于生产的产品。但在1994年，英国航空公司（British Airways）曾尝试着用生命周期评价法分析旅游对坐落在东部非洲印度洋上的一个群岛国家塞舌尔共和国（Seychelles）的影响。旅游产品的影响分析见图9-2。

9.3.2　以邮轮产品为例进行环境审计

运用生命周期分析方法，可以从以下几个生命周期阶段对邮轮这一旅游产品进行环境审计：

9.3.2.1　邮轮设施审计

船舶的建造、邮轮目的地设施的建设和锚地泊位的建设都会对自然栖息的海生动植物造成影响，还会导致当地建设材料的大量开采和当地港口海浪和沉积形式的变化。旅游目的地的恢复和保护工程的投资也要进行环境审计，比如，皇家加勒比海邮轮（Royal Caribbean Cruise）设立了海洋基金来支持海洋资源的保护和海洋环境的研究。荷美航运（Holland American Line）投资于生态恢复的项目，恢复加勒比海西北部的开曼群岛（Cayman Islands）的珊瑚礁生态系统，② 因此设

① 樊庆锌，敖红光，孟超．生命周期评价［J］．环境科学与管理，2007（6）：177-180.

② David Johnson. Environmentally sustainable cruise tourism: a reality check［J］. Marine Policy, 2002（26）：261-270.

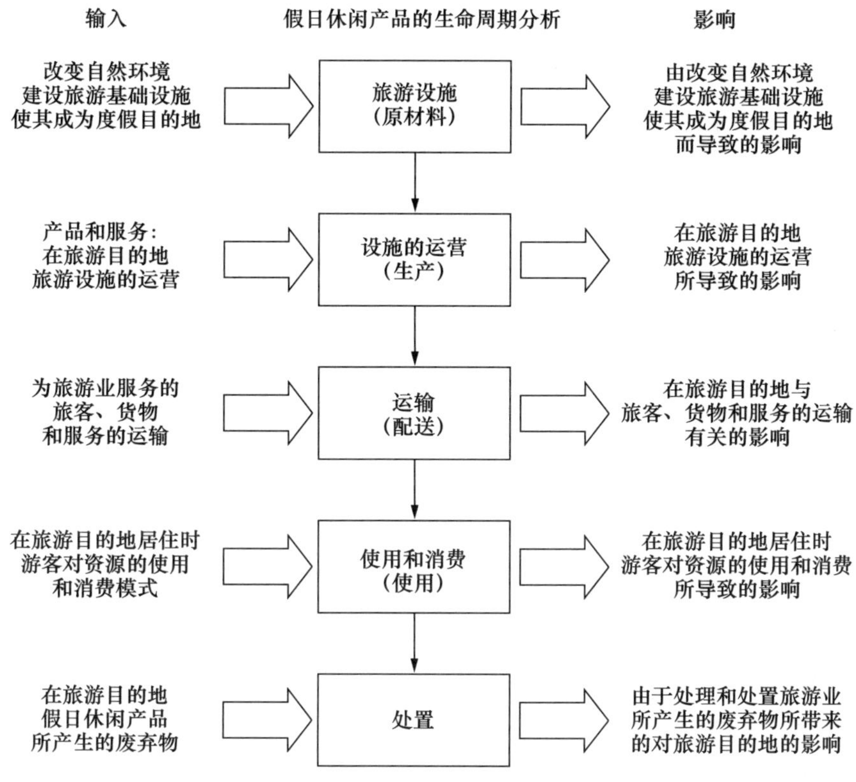

图9-2　旅游产品的生命周期分析①

施审计至关重要。

9.3.2.2　邮轮运营审计

运营方面的审计主要是审计邮轮运营时对能源的消耗、对水和空气的污染情况以及抛锚时对海洋生态的影响情况。比如是否以燃气轮机或柴油机驱动发电设备的电力推进系统应用于不同配置的邮轮，全方位推进器和吊舱式推进装置是否推出，使推进系统具备推进、操纵和控位的功能，从而提高邮船操作的灵活性、高可靠性及燃油效率，燃气轮机可降低噪声并且能够减少90%的废气排放。②

① British Airways. A life - cycle analysis of a holiday destination: Seychelles [M]. British Airways Environment Report 1994, UK CEED, Cambridge: 1994: 41 - 94.

② 谢芳，李慧明，李丹. 基于全生命周期评价的邮轮环境污染控制机理及其应对策略 [J]. 海洋通报，2010，6 (29): 702 - 706.

9.3.2.3 邮轮运输审计

邮轮运输审计主要是审计游客的运送和邮轮物资的供应方面。送游客到出发港和从邮轮上接旅客到目的地游玩的陆地交通连接，运输产生的污染会对当地环境承载力产生影响。还有，是否采用不同的宣传交流媒介作为整合的战略对邮轮游客进行环境教育，如印刷环保小册子、一些环保宣传牌、环保宣传解说，以及在邮轮上安装互动电视将目的地的环境保护信息传达给将上岸的游客等。

9.3.2.4 邮轮使用审计

在到达目的地后，游客享用目的地的资源并消费。包括富裕的游客对当地文化环境的影响，以及一个目的地超量的游客所带来的拥挤，都要进行环境审计。例如，水的消耗，化学品和清洗剂的使用。还要审计娱乐活动对野生动物的影响，如干扰、扔脏东西以及购买礼物和珍品带给濒危物种的压力。

9.3.2.5 邮轮废物处置审计

邮轮所产生的废物主要有以下几种：

（1）废水（Wastewater）：主要分为“黑水”（即污水）和“灰水”（即浴室、洗碗槽和厨房废水）。污水的排放由于给海水注入了过量的营养（如氮和磷）以及致病的微生物，从而导致海洋环境的恶化。另外，卫生设备和盥洗设备常用的一些化学品和除臭剂中含有氯、季铵化合物和甲醛，这些对海洋生物都具有潜在的不良影响。同样，“灰水”中经常含有洗涤剂、清洗剂、食用油、油脂、金属，杀虫剂以及医疗废物。

（2）固体废弃物（Solid waste）：固体废弃物包括食品残留、塑料、纸张、木头、板材、罐头瓶和玻璃。虽然这些废弃物经常会带到岸上处理，但大多数都在船上被焚烧或直接丢入海中。

（3）有毒废弃物（Hazardous Waste）：邮轮上所产生的废弃物有：清洗设备和冲洗以及印制照片使用的化学物和金属物，以及油漆废弃物、脏的溶剂和废电池。

（4）带油的舱底污水（Oily Bilge Water）：舱底污水包括与引擎和其他机器使用有关的易挥发的燃料、油和废水。

以上废弃物会对海洋水质和许多海洋生物产生影响，一定要对其进行环境审计。①

9.4　基于产品生命周期对旅游产品进行环境审计的策略

旅游环境审计本身受到多种因素的影响和制约，是项艰巨而复杂的系统工程。旅游产品的环境审计工作仍处于探索阶段，这与环境状况和可持续发展战略的要求相差甚远。因此，要结合旅游产品的环境现状和经济的发展要求，建立适合的环境审计模式，以加强环境保护和促进旅游业的可持续发展。

9.4.1　旅游产品生命周期各阶段的审计策略

为了应对旅游产品强劲的增长趋势对环境所带来的影响，旅游管理部门应从旅游产品生命周期各阶段进行环境审计。

9.4.1.1　旅游产品的设施建设审计

对于旅游设施建设阶段，首先要审计是否遵守旅游设施建设的相关环境保护法律，然后是供应商提供的产品是否符合环境友好和可再利用要求，对环保设施的配套问题也应进行审计。比如，我国环境立法中的“三同时”制度：建设项目中防治污染的措施，必须与主体工程同时设计、同时施工、同时投产使用。防治污染的设施必须经原审批环境影响报告书的环保部门验收合格后，该建设项目方可投入生产或者使用。它与环境影响评价制度相辅相成，是防止新污染和破坏的两大“法宝”，是中国预防为主方针的具体化、制度化。

旅游设施建设是否严格控制施工扰动范围，是否损害植被；设施需砍伐林木的，是否严格落实了相关恢复和补偿措施；是否合理处置施工期各类废弃物，是否按照规定设置垃圾箱和环保厕所；设施建设是否影响旅游产品的真实性和完整

① Shart Currey. Cruising Toward a Cleaner Industry [EB/OL]. http://www.mass.gov/czm/coastlines/2003/c24.htm, 2003.

性，比如，被称为“世界第一梯”的百龙电梯，建设在湖南张家界武陵源风景区水绕四门景点一座拔地而起的悬崖上，审计专家认为这个观光电梯破坏了真实性和完整性。

9.4.1.2　旅游产品的运营审计

旅游产品的运营会对环境造成一定的影响，所以审计运营阶段的技术改进很重要。运营期的污水是否有污水处理系统进行处理，景区内供暖、餐饮和运营设施是否清洁节能，餐饮油烟排放是否安装油烟净化设施并达标排放。运营时是否注意防尘降噪措施，文娱活动是否采取防止扰民措施。比如，ISO14001 的关键组成部分是持续改进，大多数审计实务集中研究改进水平，持续改进作为一个明确的原则，定义了旅游产品运营的长期目标，同时，扩大的环境政策目标的范围可。①

9.4.1.3　旅游产品的运输审计

这个阶段主要是对游客的运送和旅游目的地物资的供应运输进行环境审计，包括运输使用的交通工具，还有运送途中对游客的教育活动。工作人员是否向游客讲解环境保护的行为规范并随团指导，比如，播放相关环保教育视频、讲解使用旅游产品的相关环保事项，宣传环保意识。

9.4.1.4　旅游产品的使用和消费审计

到达目的地后，游客对旅游产品的使用和消费会对环境造成一定的影响。旅游产品经营者对游客数量是否严格控制，以免超出环境容量，更要引导游客科学、合理地开展“生态旅游”。加强管理以规范旅游线路和范围，加强游客环保宣传，例如，景区设置环保宣传、导游标识等。

同时，更要管理游客的行为，比如，注意保护野生动植物，对游客行为进行合理引导。还有旅游经营者是否采取相应的监督措施，鼓励游客对损害环境行为加以监督，并对有良好环保意识的游客加以奖励。

9.4.1.5　废物的处置审计

旅游产品整个生命周期中产生的废物应该进行相应的处理，严禁随意丢弃和

---

① David Niemeijer, Rudolf S. de Groot. A conceptual framework for selecting environmental indicator sets [J]. Ecological indicators, 2008, 8 (1): 14 – 25.

排放废物，相关管理部门要定期对废物的处理进行审计。比如污水厂的进水COD偏高或偏低都会影响正常运行，审计部门将此问题作为对排水管理部门审计调查的一个内容，请相关排水管理部门对此作出解释，提供相关的接管单位资料、监督检查资料以及拟采取的加强管理的手段。

9.4.2 建立联合审计的模式

针对我国环境审计的现实，必须加强现有审计人员培训力度，引进熟悉环保知识、环保技术的专业人才，充实审计队伍，为搞好环境审计工作打下人才基础。环境审计方式应以联合审计为主，即审计机关联合环境保护局、律师事务所、司法机构等单位，聘请环境工程技术专家、律师等加入环境审计工作，利用他们的专业知识和技术优势，提高环境审计的效率、效果和权威性。[①]

9.4.3 拓宽环境审计范围，促进旅游产品的审计对象多元化

从环境审计对象上看，应将旅游产品经营企业和负有经营责任的领导干部纳入审计范围。重点审计企业的环保行为、环保措施的可行性和有效性、责任人履行环保责任的情况、环保部门环境管理业绩的评定和对环保政策的执行情况，[②]并增加报告环境责任的内容，从而实现环境审计对象的多元化。

环境审计指标的选择不能仅着眼于单个指标的随意选择，而应致力于选择一套有机联系的评价指标体系。比如运用因果网络的方法选择一套理想的旅游产品环境评价指标体系，通过审计这些指标，来确定旅游目的地的环境状况。[③]

9.4.4 增加环境绩效审计和后续审计

旅游产品环境绩效审计主要是对环保资金分配使用的经济性、环保投资项目的效益性和环保部门的业绩进行的审查。增加旅游产品的环境效益审计，政府一方面要建立有效的环境问责制度，将环境指标真正纳入官员考核机制，建立起跨

① 刘旭红．我国环境审计现状、问题与对策［J］．审计监督，2008（6）：35－37.

② 于家傲，贾利．黑龙江垦区环境审计的策略研究［J］．商业研究，2008，98（3）：98－100.

③ Martin A. C. Brouwer，C. S. A.（Kris）van Koppen＊，The soul of the machine：continual improvement in ISO 14001［J］．Journal of Cleaner Production，2008，16（4）：450－457.

部门、跨流域的统一综合治理机制，并建立全新的环境经济政策体系以及公众参与的环境督察和评估机制。[①] 比如，海南审计在退耕还林、天然林、农村饮水等专项资金审计中，引入绩效审计的内容和做法，特别是南渡江、昌化江和万泉河三大流域水污染防治的审计调查，可以说是资源环境审计的一次突破，资源环境审计的成果不少，效果也不错。

增加后续环境跟踪审计，在每年开展新的项目审计时，追踪以往年度审计报告、审计决定的整改落实情况，检查审计决定的执行情况，验证审计结论是否准确、有无偏差以及检查被审计单位是否有类似问题存在或继续发生。比如，为了增加生态效益，杭州市环湖绿地动迁建设工程处进行后续审计，以配合新湖滨景区整治工程的财务决算审计工作。

9.4.5 注重经济评价理论在环境审计中的应用

仅仅依靠现有的会计资料，很难对旅游产品做出科学的审计结论，为此，首先应重点分析环境成本、对环境资源的消耗量和环境资源浪费量，运用成效比和净效益两个指标进行评价；其次分析环境费用，将环境保护和治理费用与其达到的效果进行比较，运用最佳效果法和最少费用法进行评价。同时审计人员还应该多视角借鉴外部专家的意见，丰富旅游产品环境审计的方法。

9.4.6 向环境管理审计的方向发展

从环境审计发展方向上看，加速审计成果的转化，变监督为咨询。通过对旅游产品的环境审计，为被审计单位提出可操作性意见和建议，使审计成果转化为责任、决策和企业的生产力，达到经济效益和环境效益的统一。同时，将环境审计转变为环境咨询，在管理部门和企业做出决策之前，通过环境审计人员的调查提出建议，来减少能源的消耗、污染物的排放、能源使用成本，提高资金使用效率等。比如，建立由应急管理、环境工程、环境科学、环境监测、环境法学、化学、医学及其相关专业等领域的国内知名学者组成的专家咨询网络，建立专家信息库，记录专家的主要学术活动和学术研究成果；定期组织专家开展交流和培训

---

① 宣杰，孙凤英．关于环境审计问题的探讨［J］．生态经济，2007（11）：85－87＋95.

活动方便咨询。

9.5 绿色环球21标准评价方法

9.5.1 绿色环球21标准

绿色环球21（简称GG21）是目前全球唯一的旅行旅游行业世界性认证体系，是公认的企业、景区可持续旅游的形象标志，它是由世界旅行旅游理事会（WTTC）创立，当今世界上唯一涵盖旅游全行业的全球性可持续发展标准体系，其目标是在全球范围内改善旅游行业的环境、社会和文化形象，增强旅游企业、景区对环境和社会的责任，以及让公众了解该企业/景区对环境与社会和谐发展的承诺。

绿色环球21帮助旅游企业、景区的经济、社会和环境全面健康发展。迄今为止，绿色环球21已在全球五大洲包括中国在内的58个国家开展认证，并拥有全球知名的旅游企业会员单位。

绿色环球21标准为旅行旅游业企业提供了一个工作框架，以实现关键实施领域的一个或多个指标的逐年改进。

绿色环球21特别研发的“地球评分”可持续达标评估指标体系，对不同行业的旅游组织评价其可持续发展的贡献率，提供一份全面客观的环境、社会、经济评估报告。通过量化评价，判断可持续发展的工作成效，并与发达国家同行业横向对比，使得管理绩效更加可信、更具说服力。

9.5.2 绿色环球21标准的认证情况

迄今为止，已通过绿色环球21认证的有机场、旅游交通、轮船码头、旅游综合服务中心、酒店、景区、政府等。

绿色环球21把一套专门适用于旅游行业、交通运输行业、宾馆饭店等行业先进的可持续发展标准带给了我们。目前为止，通过绿色环球21认证的交通运输行业的企业有新加坡航空公司、澳大利亚黄金海岸机场、悉尼机场、马来西亚吉隆坡国际机场等一批行业的领先者，代表行业最佳的生态环境表现，实现环境、社会与经济的全面可持续发展。

通过绿色环球 21 认证的中国旅游和接待业有中国九寨沟国家级风景名胜区、黄龙国家级风景名胜区、四川蜀南竹海国家级风景名胜区、四川三星堆遗址博物馆、四川九寨天堂国际会议度假中心、香港昂坪 360 观光缆车公司、陕西太白山国家级森林公园、陕西长青国家级自然保护区、四川王朗国家级自然保护区、陕西楼观台国家级森林公园、西羌九黄山猿王洞景区、浙江世界贸易中心大饭店、深圳圣廷苑酒店、广西南岭生态旅游度假区、北京蟹岛绿色生态度假区、江苏徐州汉园宾馆、广东南昆山十字水度假别墅、丽江悦榕庄街区、杭州武林路时尚女装街、杭州中国丝绸城等。

9.5.3 绿色环球 21 认证效益

（1）提升企业形象，扩大国际品牌知名度。通过引入先进的可持续发展管理方法，企业可借助绿色环球 21 的国际品牌，在全球市场宣传与推广，充分展示我们环境保护、社会责任和经济可持续发展的国际化企业形象。

（2）实现资源节约，创造最佳的经济效益。除了要以规范化，标准化的服务赢得客户的认可外，我们还要实施可持续发展的战略思想，以“环境友好、资源节约”的企业形象，积极承担相应的社会责任。

绿色环球 21 标准将提供我们具体改进措施和工作方法，如减少水资源的消耗、废弃物的减量排放、可再生资源的使用等方面，实现节能降耗、降低经营成本。

（3）绿色环球 21 认证将建立量化的监测体系，评价管理的实际成效。通过一年一度达标量化评估报告，检查自己的工作成效，通过直观的数据，可以与同行、与前任、与自己以前的工作业绩进行对比，总结各级管理者的管理绩效。也可以据此判断每项指标所处的水平，因而可以明确工作的努力方向和下一步的改进目标。

（4）绿色环球 21 认证可以为各种奖项评比提供可靠的环境资信证明，实现从优秀到卓越的飞跃。绿色环球 21 认证的企业意味着行业的领先者，代表行业最佳的环境表现，实现环境、社会与经济的全面可持续发展。许多通过绿色环球

21的组织获得了国际、国内多项环境奖项，在获得全社会认可的同时，也吸引到了更多的游客。绿色环球21与ISO14000环境管理体系国际标准有的相似性，可以同时贯标，一次审核，同时获得两份证书。

9.5.4 加入绿色环球21认证的意义

9.5.4.1 节省成本

通过减少能源消耗、减少一次性用品、减少废水和废弃物总量、减少淡水用量以及通过综合、系统的处理方法提高资源利用率，从而达到节省成本的目的。

9.5.4.2 提供资信证明

在环境可持续理论与实践越来越受重视的地方，绿色环球21作为唯一的旅行旅游行业世界性认证体系，可以向所有利益相关团体与个人证明企业/景区的环境实施成效。

9.5.4.3 促进市场营销

企业/景区如果承诺依照可持续旅行旅游原则和实践进行经营活动，尤其是利用绿色环球21这个唯一的旅行旅游业世界性环境认证品牌，它就能在新型市场上占据制高点。

9.5.4.4 增强员工的责任感

很好地了解雇主在环境可持续性方面的承诺，可以对员工的精神风貌产生积极的影响。

9.5.4.5 获得专业的帮助

绿色环球21可以根据行业的环境实施达标要求，把达标评估信息反馈给企业/景区，同时根据最初的评估报告，提出企业/景区需要继续改进和如何改进的建议。

9.5.4.6 改善环境

绿色环球21通过可持续的旅行旅游业为我们的地球家园创造更好的环境。绿色环球21企业/景区为此做出了杰出的贡献。每一个企业/景区取得的成就都可以直接改善我们的家园。企业/景区所取得的成就将通过正面宣传得到回报，并形成良性循环。

9.5.4.7 改善社区关系

作为绿色环球 21 标准的关键内容，绿色环球 21 积极鼓励企业/景区加强与当地社区联系，并在评估中给予特别重视。尤其要指出的是，绿色环球 21 要求企业/景区将它们获得的绿色环球 21 认证合格展示，企业/景区取得的环境实施成效也应该广为宣传。

9.5.5 ISO14001 环境管理体系与绿色环球 21 之间的关系

就标准本身而言，无论是绿色环球 21 还是 ISO14001 环境管理体系，都以环境保护、可持续发展为核心，都有一个制定政策、遵守法律法规，以及建立环境管理体系的要求，但两者之间仍存在以下几个显著的差别。

9.5.5.1 适用范围不同

绿色环球 21 是专门针对旅行旅游行业设计的标准体系，因而对旅游服务行业的环境问题针对性较强，这是该标准广受旅游企业欢迎和关注的重要原因之一。ISO14001 环境管体系的涵盖范围广，而且主要是针对生产型企业设计的。

9.5.5.2 考核标准不同

绿色环球 21 关注定性的体系控制过程和定量的控制结果，是定性和定量相结合的一套体系。绿色环球 21 达标评估指标体系的设计，既考虑不同旅游部门的特殊性，又顾及国家和地区的“特色”。而 ISO14001 环境管理体系则更多地关注对体系的定性考核。

9.5.5.3 涉及问题不同

绿色环球 21 标准综合考虑了质量管理、环境管理、职业健康安全及社会责任等问题，在标准规范的设计中体现对环境、社会、经济和文化的考虑，更符合旅游行业、服务性行业的特征，树立社会形象和宣传可持续发展理念的需求。而 ISO14001 环境管理体系则以污染控制和节能降耗为主旨。

9.5.5.4 标识不同

绿色环球 21 拥有一个独特设计的徽标，可以在企业/景区的市场营销中展示企业/景区的良好形象。而 ISO14001 环境管理体系只有证书，没有独立的标志。因此，绿色环球 21 作为全球唯一的可持续旅游标准体系，在 ISO14001 环境管理

体系的基础上进行了完善和升华，从而更适合旅行旅游行业的应用。

9.6 基于绿色环球21的地球评分的凯库拉（Kaikoura）环境绩效评价

新西兰南岛的凯库拉（Kaikoura）是位于新西兰的基督城（Christchurch）与皮克顿（Picton）之间的一个海边村镇。凯库拉是南部海洋哺乳动物豚保护区的门户，它是全世界少数的几个可以在一天之内看遍鲸鱼、海豚、海豹、信天翁、企鹅和多种海鸟的地方。在新西兰当地土著毛利语中，凯库拉的意思为“龙虾大餐”，大部分外国人来到凯库拉是为了欣赏鲸鱼。而新西兰当地人来到这里却是为了品尝美味的龙虾。

凯库拉（Kaikoura）的年度评价是基于绿色环球21的地球评分达标评价指标基础上的。其评价指标如下，是经过仔细的筛选用来考察关键领域的环境和社会绩效影响。

9.6.1 凯库拉环境和社会绩效影响的评价指标

经过仔细筛选出的用来考察关键领域的环境和社会绩效影响的评价指标如下（见表9-1）。

表9-1 绩效影响的评价指标

评价维度	每年标准
1. 可持续政策	政策的产生和实施
2. 能源消耗	能源消耗（MJ）/人·年
3. 温室气体产生	二氧化碳（吨）/人·年
4. 空气质量	氮氧化物产生/面积
5. 空气质量	二氧化硫产生/面积

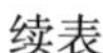

续表

评价维度	每年标准
6. 空气质量	颗粒产生/面积
7. 饮用水的消费	水消耗（KL）/人·年
8. 固体废弃物生产	废物量（m^3）/人·年
9. 资源保护	纸制品购买（kg）/员工
10. 资源保护	生物可降解农药的使用（kg）/总的农药使用（kg）
11. 资源保护	可生物降解的清洁所用的化学品（kg）/总计使用的清洁化学品（kg）
12. 生物多样性	生态保护区/总目的地面积
13. 水路质量	水质测试通过/采取水样
14. 旅游	环境绩效认可的旅游活动/总的旅游活动

9.6.1.1 可持续政策实施√

9.6.1.2 能源消耗★

能源消耗/人·年

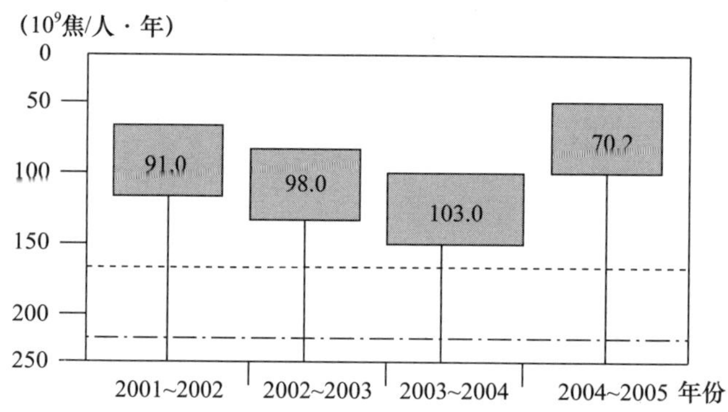

图9-3 能源消耗

9.6.1.3 温室气体产生★

二氧化碳（CO_2）产生/人·年

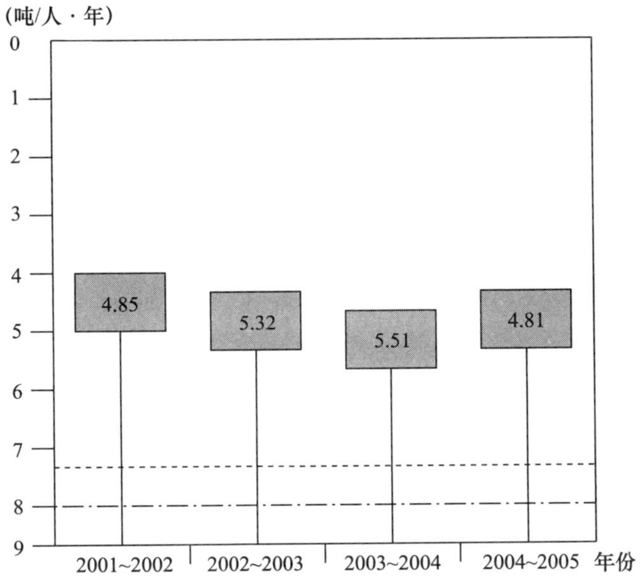

图 9-4　温室气体产生

9.6.1.4　空气质量★

氮氧化物（NO_x）产生/面积

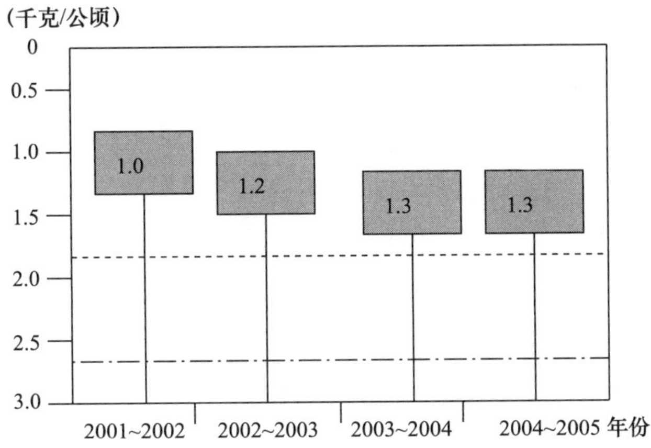

图 9-5　空气质量（一）

9.6.1.5　空气质量★

二氧化硫产生/面积

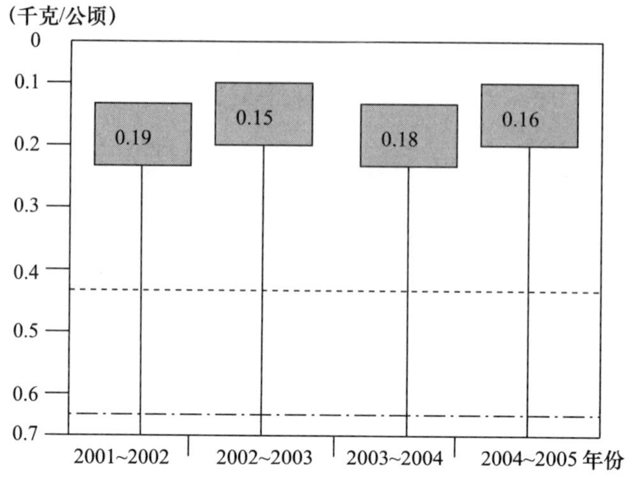

图 9-6　空气质量（二）

9.6.1.6　空气质量★

颗粒产生/面积

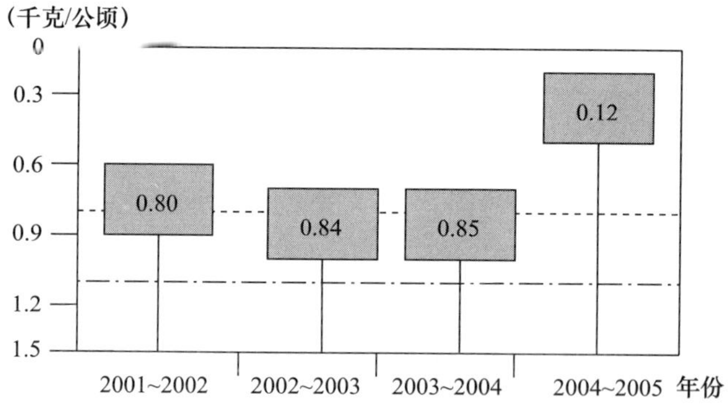

图 9-7　空气质量（三）

9.6.1.7 饮用水的消费

饮用水消耗/人·年

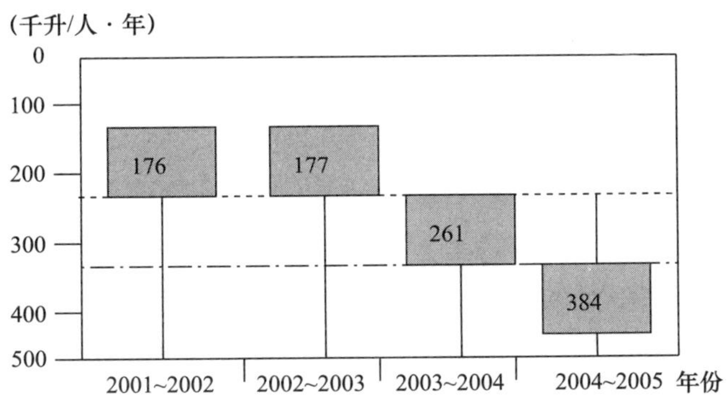

图9-8 饮用水的消费

9.6.1.8 固体废弃物生产★

填埋的垃圾/人·年

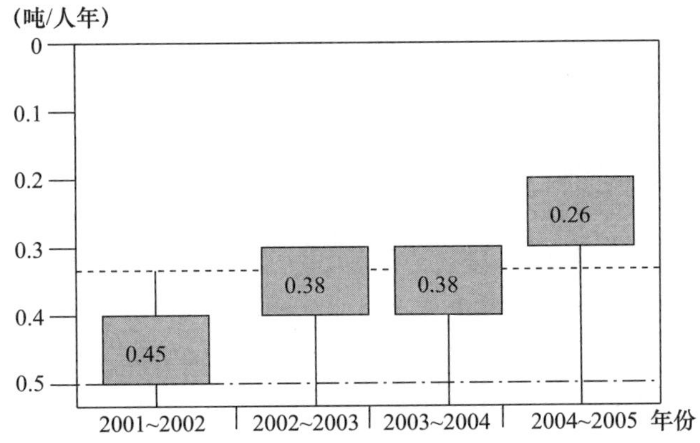

图9-9 固体废弃物生产

9.6.1.9 资源保护

纸制品购买/员工

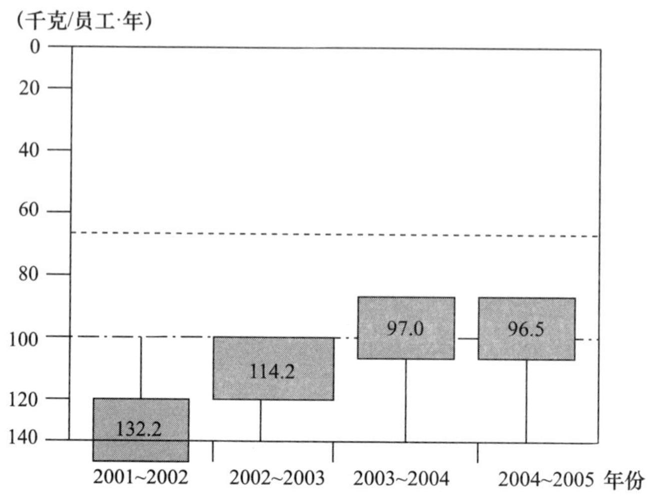

图9－10　资源保护

9.6.1.10 资源保护★

生物降解农药的使用/总的农药使用

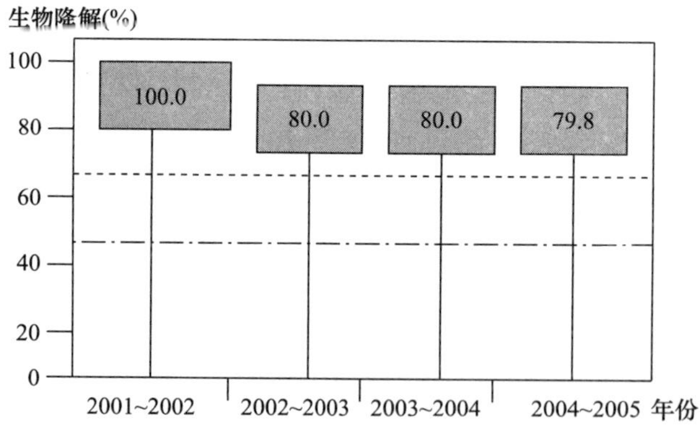

图9－11　资源保护（一）

9.6.1.11 资源保护★

可生物降解的清洁所用的化学品（千克）/总计使用的清洁化学品（千克）

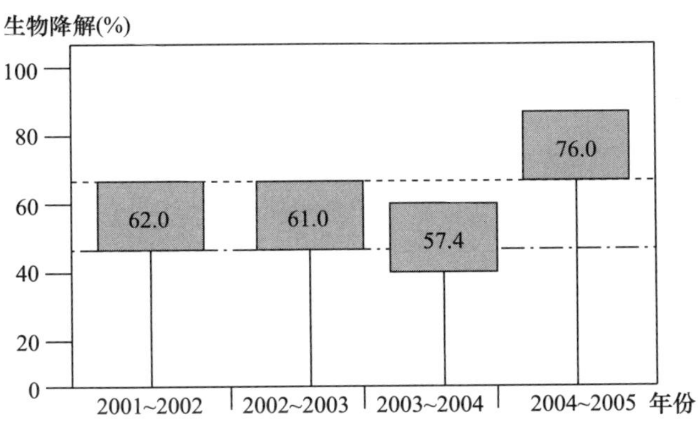

图9-12 资源保护（二）

9.6.1.12 生物多样性★

生态保护区/总目的地面积

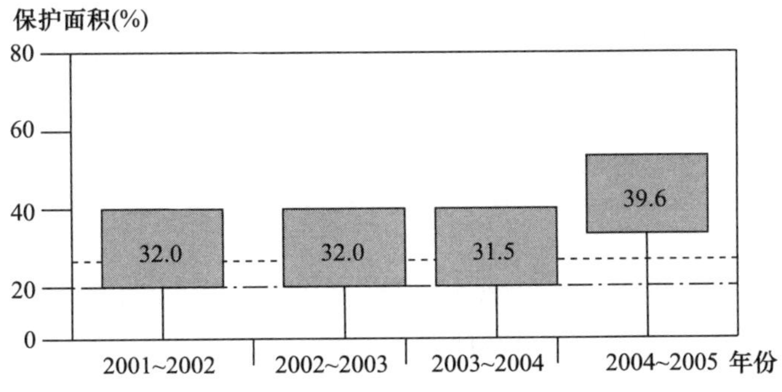

图9-13 生物多样性

9.6.1.13 水路质量

水质测试通过/采取水样

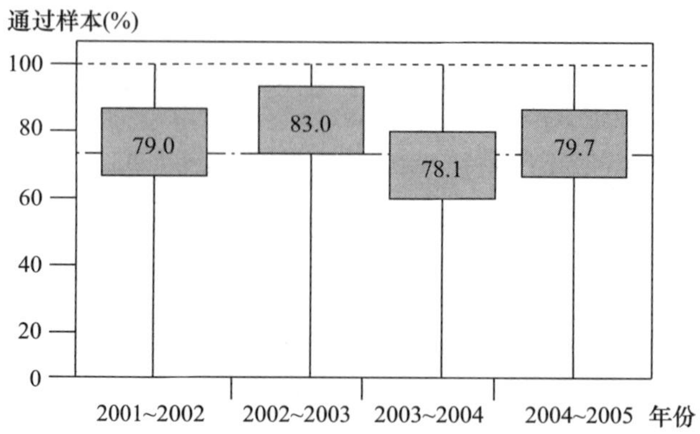

图9－14　水路质量

9.6.1.14　旅游

环境绩效认可的旅游活动/总的旅游活动

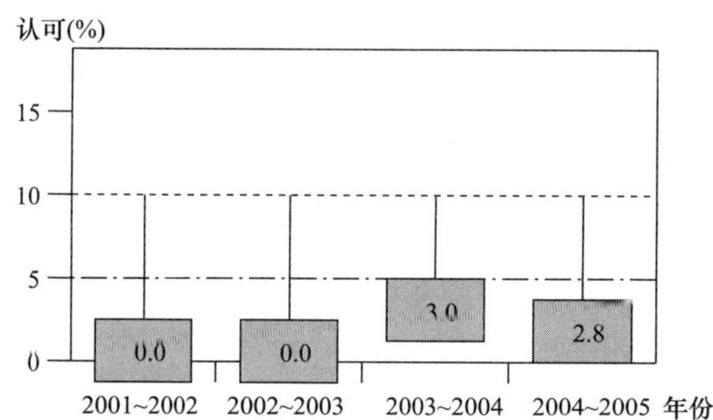

注：基点实践水平·—·—·—　最佳实践水平---------。

图9－15　旅游

9.6.2　评价分析结论

有十二个地球评分的指标在基点实践水平之上。从提供的达标数据看，有八个指标，能源消耗、温室气体产生、空气质量（氮氧化物）、空气质量（硫氧化物）、空气质量（颗粒）、固体废弃物产生、资源保护（生物可降解农药的使用)、资源保护（可生物降解化学品的使用）和生物多样性在最佳实践水平之上，是一个值得高度赞扬的杰出成就。有一个指标在基点实践水平之下，就是水的消费，高出基点实践水平18.5%，在过去几年里明显上升。

指标的改进不仅有助于环境的改善，也有助于降低成本。特别是凯库拉被鼓励调查水消耗水平的显著增长。

结语

旅游产品的发展与环境密切相关，并形成了深层次的利益机制，环境审计是一种对环境负责的经济监督和评价活动，为旅游可持续发展方式提供了新的发展指向。运用生命周期评价以及绿色环球21等环境审计的环境绩效评价方法，对旅游产品的全生命周期过程进行系统的审计，以指导旅游企业环境负责的经营理念和行为，从而减少旅游产品对环境的影响，促进旅游业的可持续性发展。

第10章　旅游环境审计对游客负面环境行为的治理路径与约束机制

近年来，我国旅游人数呈井喷式增长，旅游发展异常繁荣。然而，部分游客的负面环境行为显露出与旅游发展不相适应的迹象。为了解决上述问题，国家旅游局陆续颁布了《游客不文明行为记录管理暂行办法》、《导游领队引导文明旅游规范》等文件，逐渐加大对游客负面环境行为的管理力度。作为管理环境绩效的有效工具，环境审计能够通过监督、预警、行政问责等方式避免或有效治理游客负面环境行为，提高游客的生态保护认知，促进游客负面环境行为向环境友好行为转化。① 基于此，本章以环境审计为切入点，就其对游客负面环境行为的治理路径与约束机制进行分析。

10.1　游客负面环境行为与旅游环境审计的研究范围界定

10.1.1　游客负面环境行为

本章所指的游客负面环境行为包括以下三个要点：首先，负面环境影响既可以是游客直接造成的，也可以是间接导致的（如消费污染环境的旅游项目）；其次，行为的产生既可以是游客有意为之的，也存在无意识产生的可能（如不了解目的地禁忌）；最后，文中所指的游客负面环境行为包含既成行为与未遂

① 杨肃昌，王春辉，孙岩．生态旅游中的环境审计［J］．会计之友，2012（6）：103－105.

行为。

10.1.2 旅游环境审计

本章研究的旅游环境审计包括以下三个要点：首先，国家审计机关和第三方审计机构（被国家审计机关赋权的单位或个体以及协会、组织等相关机构）均归属于审计主体的范畴；其次，被审计个体和单位分别指游客与旅游介体（旅游企业和景区管理部门）；最后，审计对象主要涉及与环境相关的旅游消费、生产、管理活动，具体包括游客行为、旅游者教育、旅游产品与服务、旅游企业与景区管理部门的环境管理绩效等。

10.2 环境审计对游客行为的治理路径

根据环境审计对游客环境行为的作用方式，审计主体可以通过实施直接型审计、间接型审计和调节型审计对游客的负面环境行为进行治理使其向环境友好行为转化。

10.2.1 直接型审计

直接型审计的实施主体主要包括政府管理部门、旅游企业和景区管理部门。政府管理部门在环境审计中起主导作用，并赋权于旅游企业与景区管理部门，使其协助政府管理游客的负面环境行为。

10.2.1.1 政府管理部门主导实施的直接型审计

政府管理部门在改善旅游环境方面发挥着不可替代的作用，他们通过监督警示、经济处罚、行为限制等方式有效减少了游客负面环境行为的发生。一方面，通过监督警示未遂的负面环境行为充分发挥审计的问题预警与风险揭示功能。一旦游客不了解旅游地本土禁忌和环境知识，则很可能对目的地环境造成无意识的破坏。因此，泰国旅游警察会对本国严禁交易的动物毛皮的购买行为进行监督警示，这提高了旅游者对购买物品许可种类的识别能力。另一方面，对既成危害环境行为采取必要的惩罚措施能够增强游客后续文明旅游的积极态度。① 在威尼斯，旅游者只要触犯游客行为规范手册中环境方面的相关规定，便必须接受执法官员给予的高额罚金；而美国海关官员掌握着作废身负“不文明”记录的海外游客赴美签证的行为限制权力。上述惩罚措施充分发挥了旅游环境审计的威慑作用，使得游客造成的环境问题得到明显改善。

10.2.1.2　旅游企业和景区管理部门配合实施的直接型审计

目前，被政府赋权监管游客的旅游企业主要是旅行社。因其熟识目的地具体情况可通过行前告知和提醒的方式为游客出游提供指导建议，避免游客因不了解旅游地的实际情况造成对当地环境的破坏；陪同出行的导游与领队也会在游览过程中对旅游者破坏环境的行为进行及时劝阻，必要时通过通报给当地旅游主管部门、景区管理部门等相关单位，并以此来对游客危害环境的行为进行处罚与限制，情节严重者可向社会公布。2015 年 9 月，《湖南省实施〈中华人民共和国旅游法〉办法（草案）》在长沙举行立法听证，此方法出台后不仅旅游经营者具有上述环境审计的权力，景区管理部门同样能够通过劝诫制止、行为限制、社会公布等方式对游客破坏环境的行为进行管理。政府对旅游企业和景区管理部门赋予的相关监管权力增强了旅游介体治理游客负面环境行为的效力，有助于政府管理部门旅游治理工作的展开。

10.2.2　间接型审计

间接型审计是指政府管理部门、协会、组织等相关机构不对游客直接进行审计，而是通过审计旅游介体对游客的环境行为施加影响。这主要包括两种情况：一种是审计旅游企业和景区管理部门对游客实施环境审计的情况，因为促成游客环境友好行为的实现需要旅游介体采取强制性措施；另一种是对二者为游客提供的产品与服务进行相关审计，因为旅游产品与服务营造的情景能够对游客的环境友好行为加以引导。

就审计旅游企业和景区管理部门对游客实施环境审计的情况而言，旅游企业

① Steg, Linda. Promoting Household Energy Conservation [J]. Energy PoLicy, 2008, 36 (12): 4449 - 4453.

和景区管理部门对游客危害环境的行为负有监管责任。个体环保行为的实施高度依赖权威部门提供的行为规范①，规范化的生态行为准则能够获得个体更为强烈的环保响应②，从而降低环境问题的发生。我国出台的《旅行社服务通则》就规定旅行社应对游客进行行前告知，其中包括当地环境保护方面的法律内容，《导游领队引导文明旅游规范》也指出需要通过导游督促提醒避免游客触犯当地与环境相关的法规与禁忌。鉴于旅行社熟悉目的地的实际情况，其告知、提醒中涉及的行为规范具有较高的权威性，对游客旅游行为的生态引导具有重要的指导意义。当然，景区管理部门同样具有类似职责。作为旅游目的地吸引游客的主要游览区域，其内部的管理部门能够更为准确地把握游客在景区内危害环境行为产生的主要原因，采取更具针对性的审计措施，并以此提高游客引致的环境问题的监管绩效。

然而，在实际管理中，旅游介体更为关注自身的经济利益。惩治游客破坏环境的行为可能使旅游者产生不满情绪，引发降低游客重游率、负面口碑等问题，对经营业绩产生不良影响。因此，不乏旅游企业与景区管理部门受短期利益驱使存在放任游客或处理偏轻等监管不利的现象。为了避免上述情况，政府管理部门、协会、组织等相关机构有必要对旅游介体监管游客危害环境行为的具体情况进行审计，以此间接提高对游客环境行为的管理效力。

就审计旅游企业和景区管理部门为游客提供的产品与服务而言，环境审计能够借助旅游介体为游客提供的情景因素对游客环境行为施加的影响力以达到保护环境的目的。情景因素分为内部情景因素和外部情景因素，内部情境因素强调对游客内部动机与意愿的调节，外部情景因素关注外部环境对游客行为的引导。

关于内部情景因素，王建明等（2011）在公众低碳消费模式影响因素模型构建研究中指出，具有调节作用的个人实施成本情景能够通过促进或抑制消费行为来影响意识——行为间的关联关系，而归属其中的“行为便利程度”与“个人经济利益”维度从侧面反映了审计旅游企业与景区管理部门间接引导游客环境行

① Rice, G. Pro - environmental behavior in Egypt: is there a role for Islamic environmental ethics? [J]. Journal of Business Ethics, 2006, 65 (4): 373 - 390.

② 麦克尔·杰伊·波隆斯基，阿尔玛·明图·威蒙萨特．环境营销［M］．北京：机械工业出版社，2000.

为的必要性。[①] 一方面，“行为便利程度”会影响游客消费的生态取向，较低的便利程度阻碍游客环境友好行为的实施。倘若政府管理部门、协会、组织等相关机构对旅游企业和景区管理部门实施相关审计则能够借助对游客消费便利感知的调节，促进游客行为的生态化。如审计酒店用品的环境绩效，禁止供给非必须一次性产品，避免游客因自带用品烦琐倾向消费不可循环利用的产品，在不影响游客正常使用（消费可再生用品）的前提下，尽可能减少处理一次性用品带来的环境成本；审计景区规划的环境绩效，要求多地定点设立垃圾箱，方便游人废弃物处理，降低旅游者因不了解设施位置引发随意丢弃的“逆向选择”行为。另一方面，“个人经济利益”同样会对游客生态消费理念的落实产生影响，生态旅游项目的高额费用带动游客非生态旅游项目的消费转向。审计旅游介体游览项目的环境效应，杜绝高污染旅游产品的市场推介，提高其他非合规旅游项目的赋税，对绿色旅游产品提供相关补贴，为生态旅游构建公平的市场竞争平台。加勒比海、地中海海域豪华游船旅游项目曾因固、液废弃物的过度排放引致滨海水域水体的污染[②]，安装废弃物处理设施形成的成本转换使企业面临顾客流失的风险，而环境审计能够迫使企业正视销售风险，通过禁止严重不符合环境标准旅游活动的开展以及调整赋税、生态补偿等方式限制游客消费决策的“选择域”。

关于外部情景因素，物理环境的生态营造能够以信息暗示的方式调节游客行为反应，定期对旅游企业和景区管理部门的物理环境管理进行检测可以通过督促旅游介体的环境维护实现对游客环境行为的激励约束。一方面，物理环境影响游客的体验质量。整洁、美化的物理环境能够缩小游前期望与实际体验的差距，减少游客抱怨，避免游客在不满情绪驱动下采取破坏性补偿的“道德风险”行为。如西班牙景点厕所内部清洁卫生，手纸、盥洗池、洗手液、烘干机等用具配备齐全，恣意方便的道德弱化行为鲜有发生。[③] 另一方面，物理环境对游客具有诱导效应。这符合破窗效应的理论逻辑，即环境中不良现象的放任存在会诱使游客仿效，甚至变本加厉。因此，需要对旅游介体进行相关审计以抵御游客接受放纵允

---

① 王建明，王俊豪．公众低碳消费模式的影响因素模型与政府管制政策——基于扎根理论的一个探索性研究［J］．管理世界，2011（4）：58－68.

② 梁修存，丁登山．国外旅游资源评价研究进展［J］．自然资源学报，2002（2）：253－260.

③ 丁志鹏．乡村旅游游客不文明行为研究［D］．中南林业科技大学，2013.

诺的物理暗示以致引发不文明冲动。

10.2.3 调节型审计

调节型审计依旧是通过审计旅游企业和景区管理部门对游客的环境行为进行引导，其与间接型审计的主要区别在于是否有助于游客的意识认同。间接作用偏向于借助限制手段达到游客客观接受不破坏环境的基本目的，而调节作用主要采取寓教于乐的方式实现游客保护环境的认知内化效果。相关审计主要涉及旅游介体对游客的环境教育与服务质量。

一方面，旅游目的地生态文化的阐释有助于提高游客生态认知，而生态教育正是强化游客生态意识的理想途径，它能够降低游客不文明行为产生的负面影响，应当成为景区的主要管理模式。① 然而，此类目的地治理方式目前还未受到旅游介体的足够重视。由于“向公众科普地球科学知识方面”存在不足，我国张家界、庐山、五大连池曾遭到联合国教科文组织给予的黄牌警告，这种“轻保护、轻科普”的景区治理由此引起景区管理部门的强烈关注并得到有效改善。② 这意味着有必要对旅游介体进行环境教育审计以间接强化游客的生态认知。

另一方面，游览途中，游客有时会主动就旅游地的生态文化提出问题，甚至在旅游服务人员在行程中对当地环境知识予以介绍的情况下，依然希望获得对目的地生态文化的更多了解？此时，对当地生态文化的充分掌握以及专业性阐释会提高游客的体验满意度，而且，寓教于乐的非正式教育形式能够更为有效地提高游客对生态知识的内化与认同？由此表明，游客的生态认知会受到主客间的文化互动影响，而且旅游介体提供文化阐释的服务质量对生态认知的形成起到了较为关键的作用，因此，需要实施相应的环境审计对游客接受的有关服务的品质予以保证。

上述三种环境审计是相互联系的。直接型审计和间接型审计易于促进游客对环境友好行为的客观接受，调节型审计易于促进游客对环境友好行为的主观认

① Lück M. Education on Marine Mammal Tours as Agent for Conservation – but do Tourists Want to be Educated? [J] . Ocean & Coastal Management, 2003 (46): 943 – 956.

② Ungureanu M. Role of environmental audit in the modern enterprise [J] . Annals Economic Sciences Series, 2012: 88 – 95.

同。然而，客观接受同样有助于游客对自身行为的反思，进而促进游客对环境友好行为消极态度的转化，反过来，主观认同说明游客已经存在生态自觉的基础，而游客对环境友好行为的客观接受也就更为水到渠成。这意味着三种审计均有利于游客对环境友好行为的客观接受与主观认同，只是其侧重二者中的哪一方面存在显著差异。因此，可以结合使用上述三种审计来提高对游客负面环境行为的治理效力。

10.3 环境审计对游客负面环境行为的约束机制

结合环境审计对游客行为的作用路径，本书认为实施直接型审计和间接型审计形成的刚性规范（信息约束、制度约束、情景约束）与实施调节型审计形成的柔性规范（道德约束）能够对游客负面环境行为起到约束作用，下面本书对上述约束机制进行具体分析：

首先，直接型审计通过信息约束和制度约束形成游客对负面环境行为的风险感知。信息约束是审计主体帮助游客预先构建的环境心理图式，行前告知提醒与中途劝诫制止为游客提供了消极环境行为限制的必要信息——地方禁忌与违规成本，前者提高了游客旅行途中实施行为违规与否的辨识能力，后者利用游客固有的经济人理性增强游客对目的地规范客观接受的可能性。制度约束是审计主体对引发负面环境行为的游客的惩戒，是以威慑方式强化游客对地方规范敬畏的手段，主要包括经济处罚、行为限制、通报联动、社会公告四种形式，经济处罚提高了游客实施不文明环境行为的成本风险，行为限制需要游客承担破坏环境行为的管制后果，通报联动强化了多方管理对游客造成的风险累积效应，社会公告增加了游客负面环境行为的舆情压力。信息约束和制度约束提高了游客机会主义心理触发的负面环境行为的实施壁垒，增大了游客负面环境行为被揭示的风险感知。

其次，间接型审计通过制度约束和情景约束形成游客对负面环境行为的风险感知。间接型审计中的制度约束是一种嵌套式的强制约束，即审计主体以行政管理的方式加强被审计单位对游客不文明环境行为的行政管理，以管理推行管理来

降低游客在利益驱动引致的旅游介体管制宽松背景下滋生破坏环境行为的可能。而情景约束则是凭借氛围营造引导游客负面环境行为的收敛工具。内部情境约束能够对游客正负面环境行为的实施范围进行调整，一方面限制游客消费决策的“选择域”（一次性酒店用品、非生态旅游项目等）；另一方面扩大游客环境友好行为的“可支配范围”（如多地定点设立垃圾箱，方便游人废物处理）。外部情景约束是游客根据物理氛围对正负面环境行为进行自我调节的催化剂，一方面通过提高体验满意度增强游客协调行为与情景并使二者匹配的能动性（正向催化）；另一方面通过优化环境阻滞消极物理暗示对游客负面环境行为的诱导（逆向催化）。此处的制度约束同样增大了游客负面环境行为被揭示的风险感知，而情景约束强化了环境友好行为实施的氛围营造，与之对应的消极环境行为存在的物理空间受到限制，实施负面环境行为有悖于游客顺“境”而为的决策意向，增加了其心理收益不稳定的风险感知。

再次，调节型审计通过道德约束促进游客生态理念的意识内化。一方面，道德约束通过“柔性”说教增强游客环境保护的文化自觉；另一方面，通过对说教质量的掌控为游客生态教育信息的接收、选择、组织与诠释提供保障。

最后，风险感知与意识内化的综合作用能够促进游客环境友好行为的产生，这种通过环境审计外部刺激形成的游客意识到环境行为的因果关系可以结合 Florian（2006）[①] 计划行为理论道德扩展模型（见图 10－1）来进行具体分析。

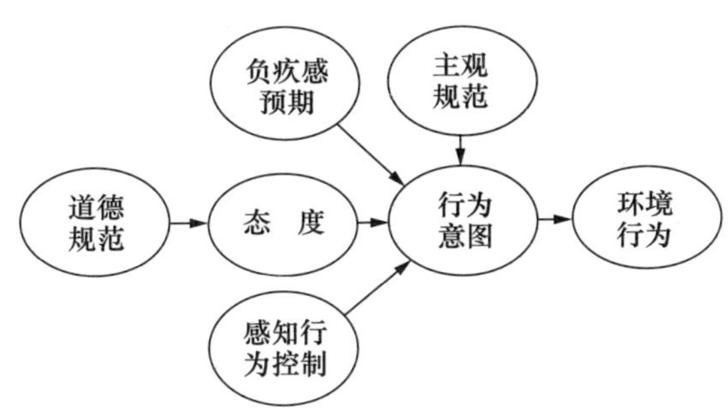

图 10－1　计划行为理论道德扩展模型

① Florian G. Kaiser, A moral extension of the theory of planned behavior: norms and anticipated feelings of regret in conservationism［J］. Personal ity and Individual Differences, 2006（41）: 71－81.

计划行为理论道德扩展模型认为，主观规范、负疚感预期、态度、感知行为控制共同作用形成行为意图并最终导致环保行为，其中的“态度”变量受“道德规范”的影响。就本书而言，主观规范是游客是否采取某项特定环境行为所感受到的社会压力。负疚感预期是游客如果未实施环境友好行为内心产生的道德愧疚；态度是游客对特定环境行为反映出的持续性预设立场，其形成源自行为信念与结果评价；感知行为控制是游客对自身实施特定环境行为可控程度的感知，包括控制能力的自我评估与便利性认知两部分。计划行为理论道德扩展模型只将“态度”视为“道德规范”的结果变量，然而，笔者认为，负疚感预期、感知行为控制、主观规范同样受到道德的影响，即调节型环境审计借助道德约束形成的意识内化对“态度”以及其余三个变量均具有影响力。因此，本书在结合计划行为理论道德扩展模型对环境审计外部刺激形成的游客意识到环境行为的因果关系进行阐释时对 Florian（2006）的这一模型框架进行了适当修改（见图 10－2），具体分析如下：

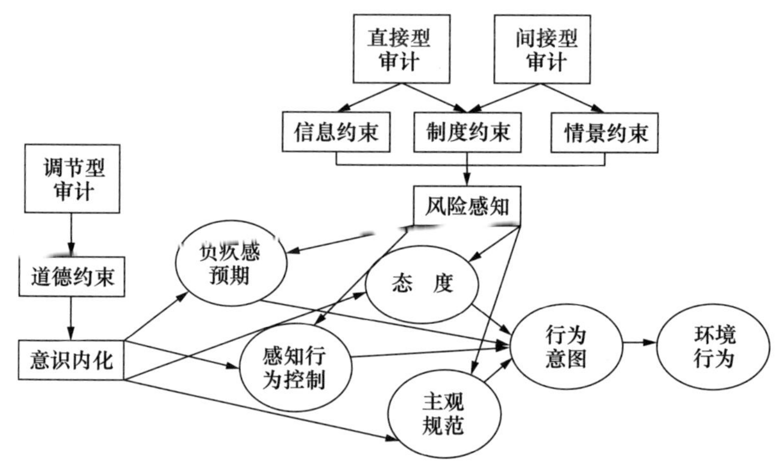

图 10－2　环境审计对游客负面环境行为的约束机制示意

意识内化与风险感知可以通过上述四个变量引发游客行为意图，并最终导致目标环境行为：首先，主观规范一部分来自柔性规范（道德约束）产生的意识内化，使游客认识到负面环境行为会受到舆论诟病；另一部分来自刚性规范（信息约束、制度约束、情景约束）产生的风险感知，具有负面效应的环境行为会因不符合地方禁忌等信息约束、违反法规政策等制度约束以及同符合社会公德标准的情景约束背道而驰而受到当地社区、管理部门以及其他公众的谴责与惩罚[①]。其次，负疚感预期主要源于道德约束驱动下的生态理念意识内化，因为基于刚性规范（信息约束、制度约束、情景约束）的风险感知可以通过舆情实现游客对负面环境行为的被动反思，进而强化游客的负疚感预期。再次，符合社会公德的环境行为的态度的形成一方面归因于意识内化对游客环境友好行为信念的强化，另一方面源自基于制度约束的风险感知降低了游客对负面环境行为的结果评价，这有助于提高游客对正负面环境行为的分辨能力。最后，感知行为控制，意识内化通过增强游客生态旅游的文化自觉性促进游客对环境行为决策控制能力的自我肯定，风险感知因情景约束赋予的行为调节功能强化游客感知行为控制中的正向便利性认知。主观规范、负疚感预期、态度、感知行为控制这四个变量导致游客积极环境行为意图的形成，保证了环境友好行为的实施。

① Philip J. Tattersall. What is Community Based Auditing and how does it work? [J]. Futures, 2010, 42 (5): 466-474.

第 11 章　历史建筑遗产修缮美学审计

历史建筑以文化传递的方式，来表达出建筑所在地具有个性的地方历史文化特色环境，展示当地丰富悠久的文化内涵。一些独有的历史建筑，更具重要的美学价值。历史建筑会随着时间衰败或产生瑕疵，如不及时进行维护，其承载的美学价值、历史价值、文化价值等都将不复存在。近年来，在各地历史建筑修缮维护的过程中出现了不少问题，如保护性的破坏、建筑原真性的丧失等。因此，对建筑遗产修缮工作建立一套相应的评估程序，进行建筑修缮美学审计十分必要。

11.1　历史建筑修缮的价值体现

近年来，研究人员从不同角度阐述了历史建筑修缮的重要性，其价值体现在以下几方面：

11.1.1　促进公众对国家身份的认同

未来进行建筑保护工作的必须是多方利益共同体，国家赋予建筑遗产价值是维护工作的重要前提。① 英国的建筑可持续发展研究证明历史遗产建筑是国家的一部分，承载着历史与文化，因此值得被保护。英国人民已经认识到遗产建筑保护的重要性并致力于保护工作中。② 马来西亚遗产建筑修缮保护工作增强了公众

---

① Greffe X. Is heritage an asset or a liability? [J] . Journal of Cultural Heritage, 2004, 5 (3): 301 – 309.

② Godwin P. J. Building Conservation and Sustainability in the United Kingdom [J] . Procedia Engineering, 2011 (20): 12 – 21.

对国家遗产的认同度，提高了民众团结度。①

11.1.2 留住历史建筑遗产的多种价值

ICOMOS 国际古迹遗址保护协会保护宪章第一章明确规定：如果建筑明显地具有文化价值，那么就应该进行维护以保存该建筑。② 历史建筑是真正无价的，应该认识到它们的文化重要性。若被评估的历史建筑具有文化价值，就该将其视为无价的文物，并通过持续不断的维护修缮工作来保障其文化价值最大化。③ 历史建筑是无价的文物还在于它们的建筑构造有明确的功能性和其特定的考古学价值。④ 历史建筑的价值应有目的性地和所有人共享并珍惜，其价值不仅体现在身份认同价值和文化价值上，还体现在它们的美学价值、历史价值、社会价值、精神价值和象征价值上。

11.2 建筑修缮美学审计目标及原则

11.2.1 审计目标

修缮古建筑是要以科学技术的方法防止其损毁，延长其寿命，而且还必须最大限度地保存其历史、艺术、科学的价值。从美学角度出发，对历史建筑修缮进行审计的目标体现在以下方面：

11.2.1.1 保存原有的建筑形制

建筑形制即固定的建筑风格、样式。古建筑的形制包括建筑原有的平面布局、造型、艺术风格等。每个时代的建筑布局与造型都有它的特点，反映的是不同的建筑功能、建筑制度和社会文化发展情况。若改变历史建筑原状，其承载的

---

① Azhari NFN, Mohamed E. Public Perception: Heritage Building Conservation in Kuala Lumpur [J]. Procedia－Social and Behavioral Sciences, 2012 (50): 271－279.

② ICOMOS. The Burra Charter. Australia. 1987.

③ Feilden B. Conservation of historic buildings [M]. Routledge, 2012.

④ Hills S., Worthing D. Private home, public cultural asset: the maintenance behaviour of listed building owner－occupiers [J]. Journal of Housing and the Built Environment, 2006, 21 (2): 203－213.

价值就减小或丧失了。如天津大悲禅院在对其古代寺院进行修复和复原时，将普通禅师居住的建筑修缮成大雄宝殿的歇山顶制式，没有真实还原清代建筑物可作为等级象征的事实。①

11.2.1.2 保存原有的建筑结构

历史建筑的结构反映的是时代科学技术的发展，决定着建筑的类型，且对于建筑结构的要求随着社会的发展在不断提高。各时期的建筑物结构之间存在差异性，是建筑科学价值进程的标志，若是在修缮过程中改变了原来的结构，科学价值就会降低。如承德避暑山庄在修缮过程中，坚持“不改变文物原状”“最小干预”的修缮原则，还原古建筑的历史风貌，最大限度地保留历史信息和文物价值。

11.2.1.3 保存原有的建筑材料

建筑材料与建筑艺术的关系密切，它反映了建筑工程技术、建筑艺术发展的进程，体现了不同建筑的特点。建筑材料随着建筑的发展而不断创新、更替及组合。若使用现代化的材料来修复历史建筑，必将蒙受巨大的价值损失。如在长城修复过程中，存在很多二次修复破坏的问题，有些地方甚至在长城上涂刷水泥来修复，使得长城面目全非，长城所承载的艺术美学价值遭到损失。

11.2.1.4 保存原有的工艺技术

对历史建筑进行修缮，除了保存其形制、结构和材料之外，还需要保存原来的传统工艺技术。新建筑顺应历史的发展规律，需要推陈出新，但历史建筑的修复需要复古。如日本三重县的伊势神宫的修复，采用的是全新的与原建筑同样种类的建筑材料，但却采用与原建筑同样的建筑技术工艺，在原址新建，并且以二十年为一个周期对该古建筑进行保护。②

11.2.1.5 保存原有周边美学元素的统一性

历史建筑所在的环境中的美学元素的统一性也在审计范围之内，是因为历史建筑只有在特定的环境中才能体现出其存在的美学价值，脱离特定环境的建筑，

---

① Xie Fang, Hao Tai, Li Dan. On the Protection Strategy of Tourism Resources of Ancient Architecture in the Process of Urban Modernization the Great Mercy Temple in Tianjin As an Example, Tianjin, the third Sino – France Forum, 2009 (9): 15 – 17.

② 桑原稔. 从建筑看云贵文化与日本及苏拉威西岛文化［J］. 贵州文史丛刊, 1996 (1): 8 – 11.

其美学价值也将丧失。

11.2.2 审计原则

11.2.2.1 完整性和整体性原则

历史建筑伴随着城市的发展和社会的进步而产生了价值的升华，其作为遗存的历史与文化的载体，是其他任何复制物都无法比拟的。对历史建筑修缮美学进行审计要遵循完整性原则，保证历史建筑的任何组成部分（包括自身的房顶、墙体，和与之相连的附近环境中的道路和古树等）在修缮过程中都不能被破坏，因为只有其具有完整的历史风貌，才能更加完整地反映出该区域某段特定历史时期的特色。

11.2.2.2 原真性和最小干预性原则

“原真性”原则是历史建筑修缮中最重要的原则。历史建筑作为特定历史时代的文化载体，其修缮不同于一般的仿古建筑的修缮，不仅需要符合古建筑的外在形式，还要体现特定的历史时代特色。原真性强调的是修复中最大可能地保留建筑遗产留下的岁月痕迹，包括建筑的原始状态及其后来的修缮等有价值的历史信息。而最小干预性则强调修缮过程中尽可能不进行任何添加，除非这些添加不至于贬低该建筑物的有关部分、传统布局以及它的构图平衡和周边环境的关系。《威尼斯宪章》也就修缮原则作出了规定：修缮工作是高度专门化的技术工作，必须尊重原始资料和确凿的文献，新添的建筑必须与原有建筑外观有明显区别；若传统方法不能解决建筑修缮问题，可引用有效的新技术。①

11.2.3 审计工具及审计程序

11.2.3.1 审计工具

历史建筑修缮美学审计是一项跨学科的复杂性的工作，因此需要有科学的工具去进行。学者 Barton 和 Bruder 等就如何进行审计提供了可用的审计工具：最佳做法检查表（Good Practice Checklists）和一致性分析（Consistency Analysis）。②

① 马炳坚．“威尼斯宪章”与中国的文物古建筑保护修缮［J］．古建园林技术，2007（3）：34－38.

② Barton H.，Bruder N.，Allen R. A guide to local environmental auditing［M］. Londres：Earthscan，1995.

本书借鉴最佳做法检查表这一工具来对历史建筑修缮过程进行审计。

最佳做法检查表作为建筑修缮审计的工具，目的是检查修缮行为的合理性，审计过程中审计主体可以通过将已实行的措施与典型的处理方式相对比来评价该修缮行为的有效性。这些外部可供参考的标准包括法定的与建筑美学相关的法律、非政府组织所提供的一些标准、政府部门出台的政策、学术界权威的主张、其他具有相似建筑的亚洲国家的成功做法等。专家的职责就是时刻关注自己的研究领域中出现的典型惯例，将他们列成检查模板以便评价。最佳做法检查表的优点是简单并且能够直接明确地指出今后努力的方向，因此它比较适合用于类似建筑遗产审计这种比较新的领域，由浅入深，循序渐进地研究。表 11－1 为历史建筑修缮审计所建立的检查表。

表 11－1　历史建筑美学审计的最佳做法检查

美学审计检查项目
· 执行审计区域：政府机构制定的“美学政策”是否针对特定的保护区？
· 评判美学标准：建筑美学是强调统一的标准（社区认可的美学标准），还是强调不同美学流派认可的多样化标准？
· 考量美学完整性：建筑美学是一个综合的整体，是否仅被当作视觉上的美学，还是包括与建筑的某些空间、部件、式样、手法、色彩、质地等发生对应联系的诸如感受、知觉、联想、回忆、冲动等心理活动要素？
· 评估区域特点：是否针对地区区域特点出台了有针对性的管理宣传修缮手册，以确保建筑的空间特性及风貌特征的协调性？
· 统一周边景观美学元素：景观艺术基本组成元素包括建筑、园林、雕塑、小品、铺装等，因此在这些元素组合之下的环境里，其造型风格、空间组合形式、植物配置、元素之间的尺度关系是否在一种艺术原则与工艺技术的基础上保持协调的关系？
· 执行美学保护方案：在保护区域内，是否有进一步加强和提升美学保护的方案（法规、办法、规划或规范），该方案是否执行了？
· 策划营销活动：当地政府为了宣传建筑的美学价值，是否鼓励本地节事、街头剧场等活动的举办，来进行历史建筑的整体营销？
· 宣传本土建筑的意识：在城市旅游规划当中，是否有一些道路和路标引领旅游者欣赏到建筑的美？

11.2.3.2　审计程序

历史建筑修缮美学的审计是一项复杂的工作，建立一套流程框架有助于审计工作的顺利进行。流程框架提供了一种逻辑分析方法，能保证审计程序的顺利执行，有助于决策的制定并进一步指导审计行动的完成。Harun（2011）在研究马来西亚的遗产建筑保护时提出：建筑遗产保护工作需要专业知识，需要对建筑遗产所代表的资源和历史的了解，需要适当的资源管理和系统的保护程序。① 图11－1是进行建筑美学审计的基本流程。

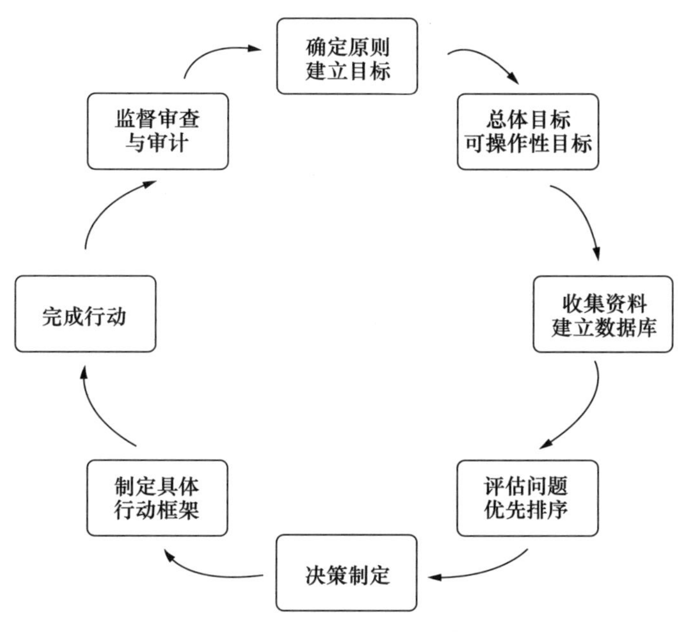

图11－1　建筑美学审计流程框架

（1）准备审计。准备审计阶段包括审计原则和目标（总体目标）的确定。原则和目标是整个审计流程的基础，为审计流程构建了一个基本框架，指出了审计工作的基本方向。此外还规定了审计工作的类型、审计的范围、可利用的资源以及审计的结果等。原则和目标通常由相关政府部门制定，对政策制定者的相关

① Harun, S. N. Heritage Building Conservation in Malaysia: Experience and Challenges, Procedia Engineering 20, Elsevier, 2011: 41－53.

知识要求较高。

（2）资料收集与分析。历史建筑资料的收集主要来源于文献查询，文献来源于当地历史文献档案馆、图书馆、文化文物部门、私人专家收藏、民间流传等。同时，还要收集有关建筑遗产现状及其区域环境的资料。实地拍摄来真实详细地记录建筑遗产的残损情况以及材料因人为破坏受损、受潮、受腐等情况。通过分析历史资料来推断建筑遗产本身的形态变化情况及历史发展脉络。通过分析建筑遗产的现状可以解释造成残损的原因，对现有构件和材料进行分析可以为修复材料和工艺的选用提供依据。

（3）决策与审计框架制定。决策过程应该是一个连续统一体，存在于审计框架的每个阶段，因为每个阶段的工作都需要决策来推动。而且，决策主体不仅包括相关政府部门，也要让相关企业（修缮公司/旅游公司）、研究人员（学者）及大众参与进来。审计框架的制定应以前期工作为基础，为审计工作的顺利进行提供参考，并且在审计完成后提出相应的建议与对策。

图 11－2 列出的是一种审计的基准，这些审计可以作为内部评估的一部分，由内审员或者由独立的外审员执行——他们不需要专门知识，需要的是回答问题以及充实答案。

11.3 丽江古民居建筑修缮实例分析

对历史建筑进行修缮，关键在于方案的制订，没有方案的修复是盲目的，极可能造成对建筑的再一次破坏。历史建筑的修缮要在维持建筑整体性和满足功能的前提下，达到美学价值和功能价值均衡的效果。为了更加严格、科学、规范、有序地保护丽江古城世界文化遗产建筑群落，丽江古城保护管理局根据相关法规，建立了一套完整的民居修缮审计程序，作为实际操作和执法的技术参照，与古城居民和经营商户共同做好古城建筑群落修缮保护管理工作。

11.3.1 制定保护原则

丽江古城保护的总体原则是保护它的真实性和完整性，包括保护古城与山、

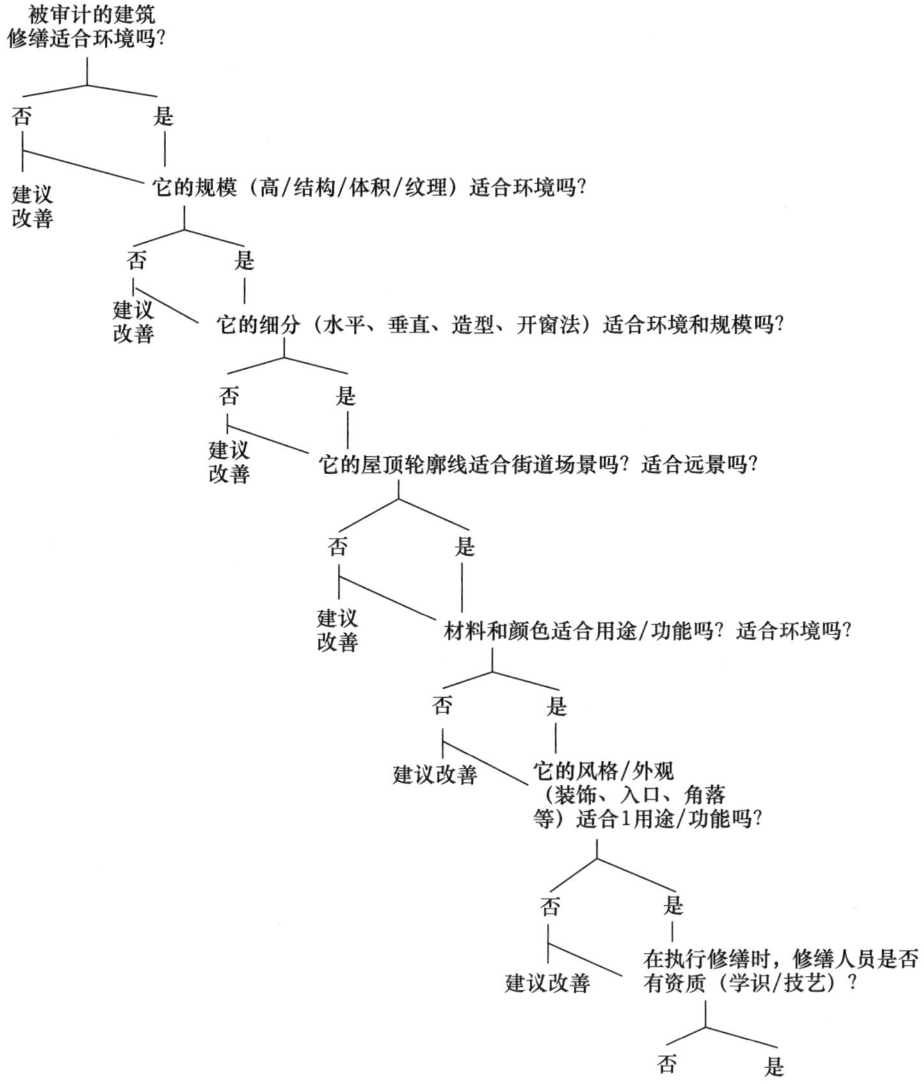

图11－2　建筑美学审计评价结构

水、田园之间和谐融洽的环境风貌，保护古城的构成机理与空间特性，保护古城街巷、广场的空间尺度、比例、自然形态及风貌，而建筑群落的完整性主要体现在古城传统房屋建筑的保护上，因此更要重点保护古城中传统房屋的造型、外貌、体量、尺度、色调与风格。

11.3.2 进行前期调查

历史建筑的修缮需要对建筑的建造背景、设计风格、人文历史、建筑现状及周边区域环境风貌进行调查分析，目的在于根据前期调查来制定修缮的具体目标及为修缮程序制定提供依据。表 11 -2 为截取的部分丽江古城民居前期调查结果。

表 11 -2 丽江古城（重点）保护民居调查情况一览（部分）

位置及门牌	所有者	结构	建造年代	特色说明	现状情况
新义街积善巷 105 号	杨德红	土木	20 世纪 30 年代	主要特色以 1941 年建盖的八角阁楼一幢，在当时很有名气	位于玉河东，现状破败，待修缮
新义街密土巷 78 号	杨志仁、杨顺昭等	土木	晚清时期	一进多院式平面组合。第一院正房坐北朝南及朝北一幢为蛮楼建筑，南面房又是花厅，后有花园，坐东及坐西两幢为蛮楼骑厦建筑。天井为鹅卵石瓦片拼花。西面漏角做厨房用，井为通道，进入第二院。此院正房为坐北蛮楼吊厦，坐南为平房，始建于 20 世纪 80 年代。第三院仍建于 20 世纪 80 年代，坐北为蛮楼式建筑，东面和西面为平房	院落内部风貌古朴，但部分有改动，质量不够好
新义街积善巷 21 号	和顺贞、杨寿钧等	土木	新中国成立前	平面布局为四合五天井。东面一坊六合为“八仙过法”、“四季百花”图案，雕窗上下均为“金鹿含草”等动物图案，另外一些雕梁画栋均有特色	保存较为完好，西北角建筑略有改动。南部院落已被用作茂源客栈
新义街密土巷 14 号	牛存庚、牛存煜等	土木	乾隆年（始建时间为明代）	平面布局为四合院，坐北朝南及坐南朝北两幢为明楼，坐西朝东及东朝西两栋为蛮楼式建筑。有四个漏角，此宅晚清时期的狮头卷棚很有特色，大门也有特色，是丽江有名的牛大贡爷家	现作为牛家客栈使用。西部花园院落仍为居住功能。整体修复完好，达到了修旧如旧的效果

资料来源：丽江古城民居修缮手册。①

① 朱良文．丽江古城传统民居保护维修手册［M］．云南：云南科技出版社，2006.

保护维修丽江古城内传统民居要修旧如旧，原貌恢复，与对丽江古城文化内涵相结合，与保护丽江古城山、水、田园之间和谐融洽的环境风貌相结合，与保护古城的构成机理与空间合理布局相结合。云南省人大于 2005 年 12 月颁布了《云南省丽江古城保护条例》，丽江古城保护管理局实施了《世界文化遗产丽江古城传统民居保护维修手册》，实用性和可操作性强，通俗易懂，对古城内各类建筑的保护维修具有较强的指导作用，以便保护传统民居的造型、外貌、体量、尺度、色调和风格，这是保持丽江古城真实性和完整性的重要内容之一。楼梯设计规则如图 11 –3 和图 11 –4 所示。

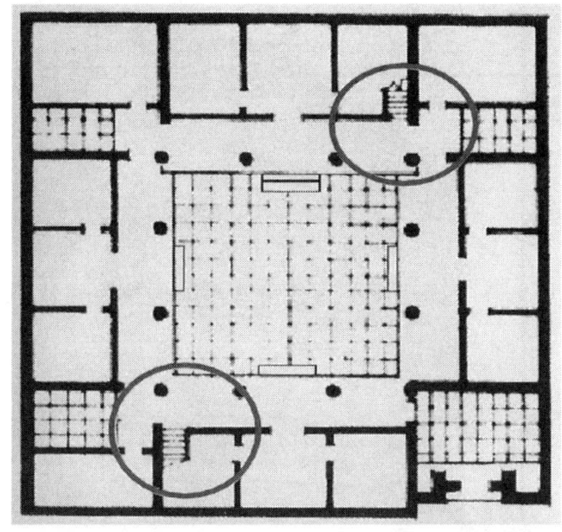

图 11 –3　楼梯正确示例：楼梯一般建于室内一角

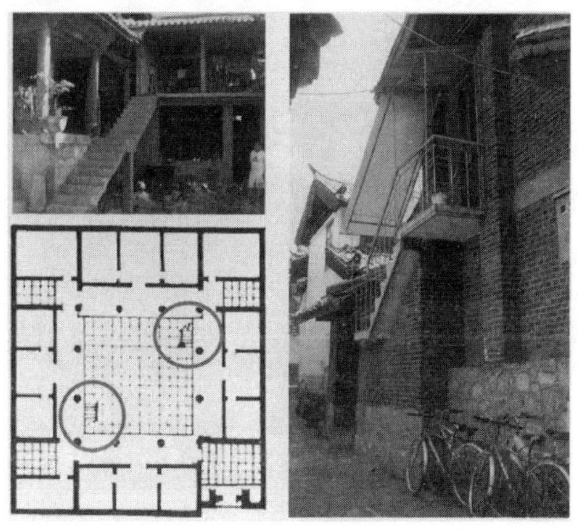

图 11 –4　楼梯错误示例：不应在主院内设置或对外临街设置

结构体系规则如图 11 –5 和图 11 –6 所示。

图 11 –5　材料体系正确示例：丽江古城内的传统民居皆用木结构体系

图 11 –6　材料体系错误示例：钢筋混凝土结构体系禁止用于丽江古城内的传统民居

11.3.3　设定修缮目标

丽江古城的修缮手册就是根据前期调查所得的古城的总体特点资料提出了针对古城保护区中传统民居修缮保护的具体目标：①保存原有建筑形制：保护原有以庭院为核心的传统平面格局，保护原有民居的外部造型及轮廓。②保存原有建筑结构：保护原有木构架及其构筑方式，对于局部需要加固的墙、板、柱，不得改变原有风貌。保护民居建筑原有的高度、进深、开间等尺度，不得任意加高、加深、加长。③保存原有建筑材料：保护民居原有外立面的风貌，对墙面、屋顶、山花、檐口、勒脚、台阶、外表门窗、柜台、入口、门楼、照壁等不得改变形式、风格、色调或暴露新型材料。④保存原有工艺技术：保护原有民居的细部装修，对原有门楼、照壁、铺地、门窗槅壁、梁枋装饰构件、栏杆、石柱基础等不得损坏、任意拆改或涂抹。

11.3.4　建立审计程序

11.3.4.1　设置管理机构

历史建筑的修缮改造是特殊类型的建设项目，但至今尚无系统的针对性较强的标准及系统的管理机制，再加上项目管理者和实施者的文化背景和审美水平的差别，都给维护修缮工作带来一些问题。

而在丽江古城保护工作中就专门设立了丽江古城保护管理机构，来专项负责丽江古城保护管理工作。目前，丽江市世界文化遗产丽江古城保护管理局下设了文化保护管理科、文化保护建设科等四个科对文化保护工作中的各个方面实施管理和控制。由此可以看出，丽江有一个科学有效的古城保护管理体系。职责规定具体、明确并且细致，这不仅有利于管理人员各司其职，做好分内工作，同时为美学审计工作带来了便利，可以减轻美学审计工作的工作量并且降低工作难度。

11.3.4.2　划定审计区域

近些年来，丽江古城为了更好地保护古城区建筑，缓解古城中心区环境压力，正不断地发展新区，因此修缮审计执行的区域针对的是丽江几大古建筑群。在《丽江古城保护条例》中规定纳入保护范围的丽江古城是指位于丽江市古城区、玉龙纳西族自治县行政区内，列入联合国教科文组织《世界遗产名录》的大研古城（含黑龙潭）、白沙民居建筑群、束河民居建筑群三片区域。

在划定保护审计区域的前提下，丽江古城进一步实行了分区保护，将总体保护范围划分为保护区、建设控制缓冲区和环境协调区。并规定保护区内的历史建筑禁止拆除，进行房屋、设施整修和功能配置调整时，外观必须保持原状；建设控制缓冲区内不得建设风貌与古城功能、性质无直接关系的设施，确需改建、新建的建筑物，其性质、体量、高度、色彩及形式应当与相邻部位风貌相一致；环境协调区内不得进行与古城环境不相协调的建设。

11.3.4.3　设定统一标准

对于古城中大量的一般传统民居，都需要按统一的要求进行保护与修缮，不得擅自拆毁与破坏；允许内部增添基础设施及为满足生活需求进行必要的改造，但尽量隐蔽新材料、新设施；外部装修要力求保持传统的体量、尺度、造型、风貌，使用传统的材料及色调。

为了维护建筑的真实性和完整性，在对白沙民居建筑群及束河民居建筑群进行整体修缮时进行了详细的规定，建筑群保护区范围内所有新建及改建建筑层数为1~2层，二层建筑檐口高度小于6.5米，功能以居住建筑、商业建筑、公共建筑为主，其建筑形式均为丽江民居体系，即深出檐、坡屋面、木结构，材料为青砖、灰瓦、白粉墙、土坯墙。沿街立面为木板面，木门窗装修。所有街巷应采用地方特色五花石板铺地，其他各种街道应为小尺度并具有地方特色。新建与改建建筑应采用丽江地方传统设计手法。

11.3.4.4　审计修缮资质

历史建筑相比现代建筑更加复杂和脆弱，而目前我国仍未有专门的部门去执行维护与修缮这项特殊的工作，多数倾向于外包给专业修缮队伍，因此对执行维护修缮工作的专业技术知识和专业人员的审计工作十分必要。在丽江古城修缮手册中对这一方面做出了具体的规定。

（1）对修缮队伍的审计：古城中的各类民居的维修、加固、修缮、改建、拆建、加建、翻建、重建等一切建设行为都必须按规定向保护管理机构申请报批，经审查批准后才可进行。外地施工队伍或施工人员进入古城从事丽江传统民居的建设、修缮工作必须在古城管理部门注册并获批准后方可进行；同时期主要施工人员、技术人员必须认真学习相关的纳西族文化与建筑知识，建立短期培训、考核与实绩检查制度，对两次以上（含两次）考核不合格者及实绩违反规定而在限期内未予改正者取消其准入资格。

（2）对修缮人员的审计：对于古城内修复面积较大的单栋或整院传统民居，房主及修复建设单位必须选择熟悉、了解丽江民居建筑构造及纳西族习俗文化的设计单位或设计人员作修复设计，并取得古城管理主管部门的认可与评审通过。修复丽江古城中的传统民居，必须选择熟悉丽江纳西族民居建筑的优秀石作艺人、木作艺人、泥瓦作及彩绘、书画艺人，不能选择不懂丽江纳西族民居建筑的施工人员承担古城民居的修复。

11.3.4.5 审计周边美学元素的统一性

古城是一个整体，其维护和修缮也要将周边的建筑、环境元素纳入进来，保证所有文化符号的一致性。丽江古城保护管理对古城周边做出了如下规定：

①保护古城街水相依的空间结构，及街巷与水系构成关系的丰富性及协调性。

②不得任意改变街巷尺度及沿街连续铺面界面、墙体界面、高差关系、水系位置、尺度及流向等，不得干扰街巷视觉走廊及天际轮廓线的完整性。

③保护传统公共开放空间形态，严格控制四周建筑界面的完整性。

④保护古城整体的鸟瞰景观及第五立面，古城范围内严禁任何大体量的新建设及任何未采用黑灰坡屋顶的建筑物与构筑物建设。

⑤古城内禁止在屋面上安装影响古城天际线、景观及第五立面的任何不协调设施。

⑥保证古城保护区范围内的步行环境和氛围，维持原有道路格局、街巷尺度、传统路面材料和道路路面铺砌方式。

⑦古城内的街巷恢复传统名称，采取有民族特色的名称，并且统一设置路名标志。

11.3.5 “丽江模式”对我国建筑遗产修缮审计的借鉴作用

丽江古城是中国现有的保存完好的古民居建筑群之一，最早受到世界的关注，也是最早开始进行全面和系统保护的古城。丽江古城的保护在联合国教科文组织亚太地区文化遗产管理第五届年会上被认定为“丽江模式”，成为众多古镇保护与开发的典范。在丽江古城民居保护修缮过程中进行的美学审计，使其能够达到“保存建筑群原真性的美学一致”的效果。并且丽江当地政府在制定政策、设置管理机构、拟定标准和监督审查方面将美学审计运用到民居保护中。古民居修缮的“丽江模式”给我国建筑遗产修缮审计提供的借鉴如下：

11.3.5.1　完善建筑遗产修缮制度

完善建筑遗产保护制度，包括国家保护制度与地方保护制度。而保护制度的完善，最终都要通过立法的形式加以确立，使得建筑遗产的修缮保护有法可依，得到切实的法制保障。

在历史建筑修缮改造的前期方案论证、报批阶段往往需要花费大量的精力、财力和时间，使得历史建筑的权属单位或使用单位往往不愿实施修缮改造。因此，要针对历史建筑的特殊性和普遍存在的实际情况，正确处理保护与修缮的关系，制定相关法律法规及实施细则，简化历史建筑修缮项目的报批程序，推进建筑遗产的顺利修缮改造与维护。

11.3.5.2　建立项目准入机制

政府机构应设立与当地历史建筑保护条例相匹配的项目管理基本要求、专业的修缮方案、施工组织设计评审条件等。通过准入机制的建立，为历史建筑修缮改造项目的成功实施提供保障。准入条件包括项目实施单位（含设计、施工单位）的历史建筑修缮、改造及开发资质、项目经理资质，从事优秀历史建筑改造开发的实际业绩和创新经验等。同时要促进历史建筑修缮领域不断催生并逐步扩人专业管理队伍。

11.3.5.3　建立修缮程序管理机制

在具体的保护修缮工作中，应坚持客观、求是的科学精神，在有据可依、严格论证的前提下进行整体保护，建立一套具体的修缮程序及其管理机制，力求展现历史建筑的传统风貌，最大限度地保留其所承载的历史信息。并可依据历史信息的收集和鉴别、构件残损情况鉴定、现状图纸的绘制、修缮设计、修缮施工 5 个步骤做好具体的保护与修缮工作。

第12章 知识审计视域下非物质文化遗产生产性保护

——以丹寨县古法造纸工艺为例

非物质文化遗产（以下称为“非遗”）是各族人民世代相承、与群众生活密切相关的各种传统文化表现形式和文化空间，是古代人民的智慧结晶。① 在非遗保护中存在将其过度商品化、产业化而忽视对其知识属性的考察，同时存在过分保守化而忽视非遗所蕴含知识潜力挖掘的问题，导致非遗保护低效率，生产性保护是提高非遗保护效率的有效方式。

知识审计被认为是执行知识管理的第一步②，即通过评估组织知识资源获取组织现存的知识、关键的知识、未开发的知识来评价和分析组织知识环境现状，以明确知识管理的需求、优势、弱势、机会、威胁和风险③，进而发现组织中某一部门最好的经验并转移到另一部门。④ 实施知识审计更能明确组织的风险和挑战，确保知识管理的成功。⑤ M. A. Mearns（2008）认为，知识审计是文化村落中本土知识保护的有效工具，将知识审计的方法应用于审计社区中个

---

① 康建辉，张勇军，孔超．非物质文化遗产的知识产权保护刍议［J］．江西科技师范学院学报，2010（4）：5－8.

② Alonso Perez－Soltero，Mario Barcelo－Valenzuela，Gerardo Sanchez－Schmitz，Fernando Martin－Rubio，Jose Tomas Palma－Mendez. Knowledge audit methodology with emphasis on core processes［J］. European and Mediterranean Conference on Information Systems（EMCIS），2006（7）：6－7.

③ Sulfeeza Mohd Drus，Siti Salbiah Shariff. Analysis of Knowledge Audit Models via Life Cycle Approach［C］. 2011 International Conference on Information Communication and Management，2011（16）：176－180.

④ Roberto Biloslavo，Anita Trnavc evic. Knowledge Management Audit in a Higher Educational Institution：A Case Study［J］. Knowledge and Process Management，2007（4）：275－286.

⑤ Meira Levy，Irit Hadar，Steven Greenspan，Ethan Hadar，Uncovering cultural perceptions and barriers during knowledge audit［J］. Journal of Knowledge Management，2010（1）：114－127.

人的知识以及其本土的知识，并提出对本土知识进行知识审计的 10 个步骤。[①] Abigail Spong（2012）将知识审计模型应用于跨文化印象管理中，探讨知识管理与文化适应的问题。[②] 据此，知识审计方法仍然缺少在非遗生产性保护领域的应用，本章将知识审计引入非遗生产性保护过程中，挖掘非遗生产性保护中的知识存量、探究其传承保护中存在的问题、找到提升保护效率的途径。

为解决知识审计模型在非遗生产性保护中的有效性问题，首先探索性地构建出非遗知识审计模型，并对生产性保护过程开展知识审计行为，了解其知识存量和保护中存在的缺陷，最后检验非遗知识审计模型的有效性，并针对提升非遗生产性保护提出建议对策。

12.1 非遗知识审计模型的构建：一个要素评估的观点

本章参考程娟（2007）、索柏民（2008）所建构的应用于企业知识管理及王知津等（2009）建构的应用信息资源管理的知识审计模型[③④⑤]，并依据审计模型应包括审计目标、审计对象及范围、审计团队、审计内容和审计方法等几个要素以及这些要素的关系[⑥]，结合非遗自身特点及生产性保护的特点构建出非遗知识审计模型，如图 12－1 所示。

---

① M. A. Mearns, A. S. A. du Toit. Knowledge audit：Tools of the trade transmitted to tools for tradition［J］. International Journal of Information Management, 2008（28）：161－167.

② Abigail Spong, Caroline Kamau, Cross－cultural impression management：a cultural knowledge audit model［J］. Journal of International Education in Business. 2012（1）：22－36.

③ 程娟．知识审计研究［J］．图书情报工作，2007（11）：28－30，34.

④ 索柏民．提升企业知识管理能力的知识审计初探［J］．大连理工大学学报（社会科学版），2008（2）：25－29.

⑤ 王知津，黄莹莹．基于知识审计的网络信息资源管理．图书馆论坛，2009（3）：1－4.

⑥ 唐华，刘静，戴华．供需知识审计与企业绩效关联性研究［J］．中国乡镇企业会计，2011（12）：171－172.

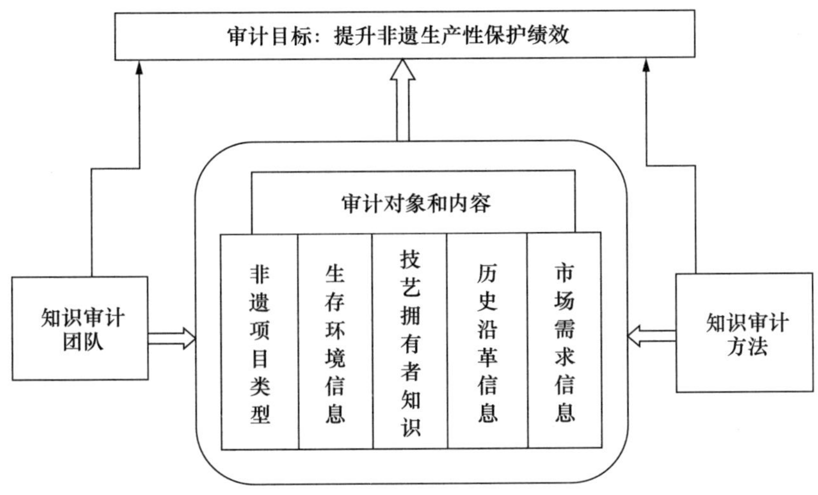

图 12－1　非遗知识审计模型

12.1.1　非遗知识审计目标及审计团队

非遗知识审计是利用知识审计这一手段，通过问卷调查、深度访问的方法对非遗生产性保护过程中蕴含的知识进行搜集整理，通过对同一时期不同非遗、同一非遗不同时期以及同一非遗不同地点的保护状况进行对比分析，找到被审计非遗生产性保护中的缺失及可取之处，并从中找到关键影响因素，用以实现非遗知识审计的目标——提升非遗生产性保护效能。为实现非遗知识审计的目标，需要由一个审计团队来实施。在非遗的知识审计中，审计团队由当地政策制定者、学者、当地的文化精英、非遗传承人组成。不同职能的参与者，在知识审计团队中所起的作用不同。① 在非遗知识审计中，当地政府政策制定者的作用在于组建知识审计团队，对知识审计结果进行利用进而为保护非遗提供政策支持；当地的文化精英主要负责对当地非遗的信息进行收集；非遗传承人则致力于对有用的信息应用于实践并创新；学者的作用就在于对所获得的信息进行整理，并绘制知识地图。

① 索柏民．提升企业知识管理能力的知识审计初探［J］．大连理工大学学报（社会科学版），2008（2）：25－29.

12.1.2 非遗知识审计方法及内容

知识审计的方法主要有 Jay L. 等（2000）提出的三步知识审计方法、德尔菲（Delphi）的知识审计方法、流程图法、调查表法、组织系统图法等一般知识审计方法。[①] 本部分利用 Jay L. 等提出的三步知识审计方法即识别目标领域内现有的知识、识别目标领域内缺乏的知识、对目标领域内的知识管理提出建议[②]，结合非遗的定义及特点，对非遗的以下五点内容进行知识审计：

（1）非遗项目类型审计。即审计非遗属于口头传统和表述、表演艺术、社会风俗、有关自然界和宇宙的知识和实践、传统手工艺技能中的哪一类[③]。

（2）非遗历史沿革信息审计。主要是收集该项非遗的来源、发展过程、发展中的传说及民间故事、继承与创新等的信息。

（3）技艺拥有者知识审计。人的传承在非遗传承过程中尤为重要[④]，对技艺拥有者的审计主要是收集该项非遗的技艺拥有者人数、传承人人数、传承模式（个人、家族式等）及技艺拥有者的经验、知识等的信息，并且要侧重于对该项非遗工艺流程、掌握技艺的方法的记录，知识审计成功与否取决于此部分审计是否详尽。

（4）生存环境信息审计。各个群体随着其所处的环境和自然界的相互关系不断的变化使非遗得到创新，非遗生存环境审计的内容包括拥有该项非遗所在地的地理位置、自然条件等。

（5）市场需求信息审计。非遗具有共享性、活态性，这决定其必须走进市场，有盈利才能增加对其生产性保护的动力，否则其将被置于博物馆中，逐渐退出民众的视线。市场需求信息审计的内容包括非遗的市场需求信息，非遗衍生产品的需求信息等，此类信息对非遗生产性保护的延续具有重要意义。

---

① 程娟. 知识审计研究［J］. 图书情报工作，2007（11）：28－30，34.

② Jay L.，Bonnie R. M.，Doug McCaw. The knowledge audit［J］. Knowledge and Process Management. 2000（1）：3－10.

③ 侯洪澜，齐明. "非物质文化遗产"概念内涵的复杂性［J］. 社科纵横，2012（8）：129－130.

④ 王健. 非物质文化遗产与旅游的不解之缘［J］. 旅游学刊，2010（4）：11－12.

12.2　丹寨县石桥村古法造纸技艺的知识审计分析

12.2.1　研究方案的设计

古法造纸技艺的知识审计团队是由学者、当地文化精英王兴武以及县旅游局组成的。本部分采用对其传承人、当地村民、丹寨县旅游局工作人员深度访问及对其生存环境、历史沿革等相关资料整理归纳的方式对古法造纸技艺开展知识审计，并通过对比不同历史时期及不同村寨的古法造纸技艺的发展状况，获得丹寨县古法造纸生产性保护中的不足及优势。最终找到提升其生产性保护效能的途径，实现知识审计目标。

12.2.2　古法造纸技艺知识审计流程

古法造纸技艺是我国古代“四大发明”之一，拥有传统的手工艺流程，靠口传亲授的方式传承，属于传统手工艺技能。

第一，生存环境信息审计。石桥村地处偏远、交通闭塞，但位于清水江上游南皋河南岸，水源清悠，是造纸最佳的水资源，并且属低山地貌，气候宜人，山中楮树（构树）、花草丛生，是天然的造纸原料。青山绿水提供了得天独厚的造纸条件，在该村农民收入主要来源于造纸和种养殖业。

第二，技艺拥有者知识审计。石桥村目前约有 300 余户人家，共 1200 多人，95% 以上是苗族人，无论男女老幼，几乎人人都会古法造纸，其中常年从事手工造纸的农户有 30 余户，国家级非遗传承人 1 位即王兴武。石桥村已成立造纸协会 1 个，造纸合作社 2 个。长期以来，因为苗族没有文字，造纸技艺仅靠父辈或师徒之间的言传身教，一代代地传承下来。造纸流程包括 72 道工序，堆料、蒸煮、打浆、抄纸等，每次循环足足一个月的时间。传承人王兴武说：“现在的技艺已经很纯熟了，与制作古书修复用纸最好的日本小仓纸相比，我们主要因为缺少技术设备、厂房等设施及购进这些设施的资金，而达不到同等或更高质量的修复用纸。”

第三，历史沿革信息审计。古法造纸技艺最早在汉代的《后汉书·蔡伦传》、汉末的《天工开物》等书中有所记载。据专家考证，石桥白皮纸制作工艺属汉唐时期造纸工艺，与《天工开物》中记载基本一致，距今已有一千四五百年的历史。它是石桥苗族先民借鉴汉民族的造纸技术，由于在史籍中对树皮为原料造纸的方法记载少，以致我们不能详尽地了解造纸技艺的传承年代，仅对辛亥革命后的发展做了整理，如表 12－1 所示。

表 12－1　石桥村古法造纸的历史沿革

	古法造纸技艺发展情况
辛亥革命前	地处边远、科学文化落后、经济发展缓慢，纸业处于个别生产及保证日常生活用纸的处境
1911～1934 年	经济文化有所进步，南皋乡及周围一带创办了学校、文人互赠书画，纸的销量大。到达鼎盛时期，石桥村 110 户居民中有 80 户开槽造纸，产品经商人购买后远销贵阳、四川、湖南、武汉等地
1934～1949 年	这一时期战争频发，人民生活陷入痛苦，白皮纸销量大减，产品积压，不得不贱卖赊销，以致部分纸槽亏损倒闭
1949 年	石桥白皮纸生产有了发展，村民们陆续重新开槽造纸
1951 年	恢复开槽 24 家，从业人员 120 人
1953 年	恢复开槽 48 家，从业人员 153 人
1955 年	成立同心造纸工业社
1957 年	改建公私合营丹寨县纸厂
1958 年	改为地方国营丹寨县石桥纸厂
“文革”初期	改石桥合作纸厂为石桥纸厂
1978 年	改名丹寨县国画纸厂，厂部移至三孔桥，大石壁废止
1982 年	赴加拿大多伦多科学中心表演《中国古代传统技术展览》造纸技艺
20 世纪 80 年代中期	随着工业化的进展，而手工白皮纸的价格也越来越低廉，这种手工造纸的作坊越来越少
1988 年	三孔桥国画纸厂由个体户承包
1990 年	三孔桥国画纸厂停产，其余生产的白皮纸主要用于制作鞭炮或祭祀用的纸钱
20 世纪 90 年代	现代造纸业的迅猛发展，造纸企业集团以其价廉物美的品牌抢占市场，使石桥古法造纸几乎无立足之地。同时，受现代打工潮的冲击，绝大部分年轻人选择外出打工，不愿留村继承父业，石桥古法造纸发展举步维艰，濒危状况难以改变

续表

	古法造纸技艺发展情况
1998年	村内几乎无人造纸，在外打工村民带回有香港老板需要手工纸的消息但需要的手工纸与石桥村世代相传的白皮纸不同，是彩色皱纹纸。村民王兴武决定要打破传统，试验制作彩色手工纸
2000年	王兴武在长达两年的试验之后，用最原始的纯手工技艺和纯天然的原料做出了香港老板寄来的彩色皱纹纸。与香港老板以一张3元的价格成交18万元的订单，彩色手工纸给王兴武的家人带来了村里人无法企及的经济收入
2004年	丹寨县搞起了村寨旅游，旅游部建议王兴武将离村口不远的大岩壁下造纸作坊对外开放，供旅游者参观。传承人王兴武不断创新手工纸，山上的野花野草全都成了他做纸的原料，花草纸的订单8元一张，零售可以卖到20元，时至今日这种纸都是他的招牌产品
2006年	丹寨石桥村古法造纸技艺被列入首批国家级非物质文化遗产名录
2008年	为扩大产量，带动村民致富，王兴武成立了按照“自愿参与、民营民管”的原则成立了黔山造纸合作社，并在中央美院、荣宝斋教授岳黔山的指导下，研究并实验生产古籍图书修复用纸即“迎春苗纸”
2009年	王兴武手工制造的古籍图书修复纸即“迎春苗纸”被国家图书馆选中
2010年	王兴武研究生产的迎春纸获得了中国博物馆290多万元的订单
2011年	石桥黔山造纸合作社成为国家首批非物质文化遗产传承保护基地之一、成为古法造纸工艺研习所。王兴武将古书修复纸注册商标为“迎春苗纸”。丹寨县旅游局在石桥村建立“旅游服务部”
近期	随着知名度的不断提升，石桥村接到的订单逐渐增多，现在生产的纸张已有九大系列100多款，而且全部是“订单式”生产，并成为国家图书馆、国家博物馆古籍文物修缮指定专用纸，产品还远销美国、法国、澳大利亚等国家

资料来源：作者根据相关资料整理得到。

12.2.3 古法造纸知识审计结果

通过对古法造纸技艺的知识审计，发现古法造纸传承与保护中的优势与不足：石桥村拥有清澈的水源、丰富的原材料等天然的物质基础，但缺少技术设备的支持；石桥村古法造纸的技艺拥有者很多，但因收入较低以及打工潮的盛行，使绝大部分年轻人选择外出打工，以致从事古法造纸的人员很少；在传承发展中缺少对造纸工艺流程以及工艺改进的详细记载和记录；自辛亥革命后石桥村古法造纸技艺经过两次衰落，三次复兴，其兴衰主要取决于三个方面因素——国家政治环境、市场需求、现代技术（机械造纸、电子化）的冲击；手工纸的创新提升了古法造纸的知名度以及经济价值；石桥村古法造纸合作社及研习所成为生产性保护的示范基地。

12.3 非遗生产性保护绩效提升的对策建议

非遗生产性保护强调在生产、使用中保护，在执行中操作知识、开发知识、信息知识不完备影响生产保护效能。知识审计显然是必要的，知识审计是进行有效生产性保护的第一步。依据古法造纸技艺审计结果，认为提高非遗生产性保护绩效，要从完善资料记录、加强物质保障、提升经济价值、扩大需求信息供给等几个方面着手进行，并提出以下几点建议：

12.3.1 开展知识审计，建立“非遗基因库”

目前对于古法造纸工艺流程的记载较为不完整，完成古法造纸工艺流程的编写不仅可以方便今后技艺的传承，更可以为古法造纸的创新发展和生产性保护提供理论基础。加强对各项非遗的知识审计并将非遗的生产流程、文化精髓等内容编入“非物质文化遗产基因库”，这样可以使非遗数字化、可视化，并以此作为生产性保护时的参照①，进而保障非遗传承的原真性。

12.3.2 增加资金支持，增强物质保障

手工技艺类非遗是经过一道道工序手工完成的，技术设备上的支持可以提高生产效率、改善质量。石桥村古法造纸过程中，晒纸这一步骤取决于自然条件，

① Guido Ongena, Erik Huizer, Lidwien van de Wijngaert, Threats and opportunities for new audiovisual cultural heritage archive services: The Dutch case [J]. Telematics and Informatics. 2012 (29): 156 - 165.

其生产效率与质量取决于天气状况。造纸技艺者多为农民，没有足够的资金购置昂贵的设备，这需要政府增加资金支持、增强古法造纸技艺的物质保障，可以通过提供政策支持，如专项补助、低息贷款等改善。

12.3.3　建立研习所，促进知识传承

非遗包含了历史文化知识、科学知识及美学知识，值得利用这些知识进行个体教育、学校教育和社会教育，同时可以利用教育增强非遗保护的力度，提高非遗生产性保护的效能。非遗技艺的教育与传承可以通过建立非遗研习所、非遗博物馆等实现。设立非遗研习所，将非遗所蕴含的知识、实操过程完整地传授给非遗技艺学习者，使其能够利用非遗于生产生活中，使非遗得到传承与保护。非遗博物馆将非遗各个时期的技术、物质形态等以陈列的方式展出并伴随详尽讲解，为非遗知识的传播提供广阔平台。

12.3.4　加强艺术涵化，提升经济价值

艺术涵化的过程，可以被看作是以艺术品形式的生产过程。非遗是由各族人民世代传承得到的，与工业产品相比有其独特性、艺术性，发挥非遗的这些特点将其制成工艺品、纪念品等旅游商品。非遗艺术涵化的过程中可以使买卖双方从中获利，进而提升非遗的经济价值，同时增强其生产性保护的动力。

12.3.5　提升旅游体验，促进非遗旅游化

旅游化生存可作为一种“非遗”传承和满足社会发展需求的双赢模式，为非遗保护提供良好的生存环境和条件[①]。非遗产品本身就是艺术品，其制作过程更体现着中国传统智慧的精髓。开发非遗体验式旅游活动，如在古法造纸的作坊中通过为游客提供原材料和设备，增设游客亲自抄纸、设计制作花草纸等项目，不仅能让游客在体验中了解古法造纸技艺，提升其旅游体验价值，并且能够促使其旅游化发展。

---

① 王德刚，田芸．旅游化生存：非物质文化遗产的现代生存模式［J］．北京第二外国语学院学报，2010（177）：17－21.

结 语

将知识审计方法引入非遗生产性保护中还是一个新的研究领域，本章仅对丹寨县古法造纸技艺进行知识审计，并没有将非遗知识审计一般化，在理论建设和实践方面仍有大量的工作要做。如何针对其他类型的非物质文化遗产进行有效的生产性保护，如何将知识审计灵活地运用于各类型的非遗中，仍需进一步探讨。

第 13 章　生态文明建设视域下的区域旅游环境审计

旅游消费持续升温使中国旅游产业规模迅速扩张，在历经景点旅游—线路旅游—城市旅游三个阶段后，我国各地迎来区域旅游时代，形成了京津冀一体化、大长江三角洲等区域旅游跨越式发展的局面。

然而，国际区域旅游发展经验为我国的区域旅游发展敲响了警钟——规模扩充下的区域旅游急剧发展存在环境污染与破坏的隐患。土耳其海岸区域旅游资源带旅游累积效应产生的容量过载对当地环境产生了不利影响；① 加勒比海、地中海海域豪华游船旅游项目由于固、液废物的过度排放导致区域滨海水域水体的污染；② 被誉为印度“最完美度假之所”的果阿因游客不文明行为成为区域旅游环境破坏的重灾区……以资源消耗为代价的游客容量充填式粗放发展使区域旅游高速增长的同时伴随着旅游资源群管理不到位、区域旅游项目规划开发不合理、旅游消费不文明等问题。如何解决以上弊端，国外的区域环境审计实践提供了可资借鉴的成功经验：地中海周边 18 个国家建立了环境绩效协同审计框架为区域旅游资源群的可持续发展提供了保障；西班牙巴利阿里群岛旅游管理的成功经验在于将前期审计与结果评估纳入可持续旅游规划步骤；③ 澳大利亚大堡礁旅游休闲咨询委员会采取的“合作管理与审计”模式被世界旅游业引为范例，他们联合

---

① Erdogan N., Tosun C. Environmental performance of tourism accommodations in the protected areas: case of Goreme Historical National Park [J]. International Journal of Hospitality Management, 2009, 28 (3): 406-414.

② 梁修存，丁登山．国外海洋与海岸带旅游研究进展［J］．自然资源学报，2002，17（6）：783-791.

③ Fortuny M., Soler R., Novas C., et al. Technical approach for a sustainable tourism development: case study in the Balearic Islands [J]. Journal of Cleaner Production, 2008, 16 (7): 860-869.

多方主体共同履行政策实施与监督责任，旅行社义务教育游客，导游肩负环境检测员的职责。由此可见，以环境审计为特征的区域性联合管理机制成为区域旅游发展过程中遏制环境问题的重要手段。

事实上，遏制旅游经济系统带来的区域环境污染和资源浪费也是我国推进区域生态文明建设的重要战略任务。从党的十六大“生态良好的文明发展道路”到党的十七大“生态文明”的明确提出，再到党的十八大“生态文明”的独立成篇，国家的资源环境保护、节能减排战略思想实现了系统性的概括与升华。我国审计署曾围绕污染治理和生态建设两大内容，陆续组织实施了一系列环境审计活动，并取得一定成效。然而，在生态文明建设过程中，旅游环境审计的功能还没有得到真正发挥。本章对区域旅游环境审计进行研究，有助于认清环境审计在区域旅游生态文明建设中的作用，更快地推进区域生态文明建设的进程。

13.1 环境审计在区域旅游生态文明建设运行体系中的地位

13.1.1 旅游经济系统内的环境审计内容

旅游业是一个范围广泛、业务综合、经营复杂、政策性强的行业。国内外旅游环境审计研究内容基本上是结合旅游经济系统的旅游主体（旅游者）、旅游客体（旅游产品与服务）、旅游介体（旅游企业与景区管理部门）以及旅游支撑体系（政府管理部门）构成。其中包括游客行为审计、旅游者教育审计、绿色购买审计①、旅游产品与服务审计、旅游企业与景区管理部门绩效审计、接待企业的能源审计、二氧化碳和温室效应气体排放在旅游接待行业的自愿审计②、旅游

① 谢芳，祝圣训．购买审计——环境审计的重要类型之一［J］．中国环境科学，2002，22（2）：184－188.

② OLSON E. Challenges and opportunities from greenhouse gas emissions reporting and independent auditing［J］. Managerial Auditing Journal，2010，25（9）：934－942.

交通审计①、建筑美学审计和政府管理部门的生态绩效审计②以及对党政领导干部生态环境损害责任追究。

需要指出的是，最初的旅游环境审计研究是以单体旅游企业和旅游景区为切入点，后续学者将研究视域扩展至旅游资源群和区域协同审计，在关注微观主体内部环境审计问题的同时兼顾群落或区域性环境审计问题，并由此呈现出研究焦点向大尺度环境审计演进的态势。③ 这是因为单体接待企业和景区的集聚发展对旅游资源群产生的负面效应可能超过资源在经济、社会、文化、环境等方面的承载力，破坏区域旅游资源原有的本地化旅游吸引力。加强旅游资源群环境绩效评估、整体区域环境审计以及大尺度的动态监控能够弱化甚至避免此类消极影响的发生，而且其合理性已在区域旅游的案例经验中得到证实：澳大利亚塔斯马尼亚侯恩谷地区的资源群环境审计、西班牙旅游资源群的智力资本和旅游者行为审计④以及地中海地区旅游资源环境审计网络协同管理的实施⑤⑥均获得了明显的环境绩效。

13.1.2　旅游经济系统内的生态文明建设内容

生态文明强调人与自然的和谐共生，重视自然社会与人类社会的全面生态发展。生态文明建设符合我国全面建成小康社会和资源节约型、环境友好型社会的内在需求，与经济、政治、文化、社会建设构成中国特色社会主义事业总体布局，凸显了“中华民族永续发展”的时代主题。

旅游产业为人类提供了体验物质、精神、生态多重文明的综合性平台，具

---

① 谢芳，高艳．我国旅游环境审计研究的回顾与展望［J］．北京第二外国语学院学报，2013（1）：29－32.

② 高艳，谢芳．我国实施旅游环境审计的问题及对策研究［J］．生态经济，2012（11）：91－92.

③ 游群林．旅游资源群的协同管理机制研究［J］．江西财经大学学报，2011（4）：46－50.

④ KOT E. How to conduct the audit of intellectual capital in polish tourism business?［J］. Electronic Journal of Knowledge Management，2009，7（4）：459－468.

⑤ Beeharry Y.，Makoondlall T.，Bokhoree C. Policy analysis for performance assessment of integrated coastal zone management initiatives for coastal sustainability［J］. APCBEE Procedia，2014（9）：30－35.

⑥ Ernoul L.，Johnson A. Environmental discourses：understanding the implications on ICZM protocol implementation in two mediterranean deltas［J］. Ocean & Coastal Management，2015（103）：97－108.

有响应低碳绿色经济发展模式的先天优势。[①] 其以人为本的全面可持续发展能够倒逼社会生产与消费方式加速变革，有效推进旅游产业生态文明的建设步伐。[②] 与之对应，旅游“绿色”经济的全面实现同样需要生态文明发展理念的贯彻落实。以生态文明为导向的旅游产业转型将为合理有序的旅游开发与管理提供保障，增强游客的生态文明认知水平[③]，是传统旅游发展到科学旅游发展的体现。

我国生态文明建设经历了一个从萌芽意识到视之为社会价值目标的认知过程。这种生态认知是产生生态行为的必要条件。在经济系统背景下，具有不同认知的行为个体通过组织互动形成区域关系网络，并以协调的社会生产关系方式实现区域系统的整体绩效。

因此，旅游经济系统内的生态文明建设内容应该包括天人关系的生态认知、人类行为的生态规范、生产经营方式的生态组织以及社会生产关系的生态调控。

13.1.3 环境审计在区域旅游生态文明建设运行体系中的地位

由区域旅游活动形成的旅游经济系统，在生态文明建设视域下，其内部的生态文明培育是以政府推动和公众自觉为动力源头，依托政策法规、总体规划等不同方面的支持保障以及政府、行业等相关多方的主体参与，在环境审计的监督评估下，通过区域旅游生态文明建设运行体系来实现的。

环境审计在其中扮演了重要的角色，是保证区域旅游生态文明建设目标实现的核心环节和最后关卡。环境审计的施行主体——国家审计机关、第三方审计机构或内部审计部门，能够依据区域环境保护规划、结合区域发展特点，审查组织、单位或个体所进行的同环境相关的旅游经济活动的真实性、合法性、有效性；评价旅游环境管理系统及旅游经济活动对环境的影响；界定旅游生产、

---

① 蔡萌，汪宇明．低碳旅游：一种新的旅游发展方式［J］．旅游学刊，2010，25（1）：13－17.

② 汪宇明，吴文佳，钱磊等．生态文明导向的旅游发展方式转型——基于崇明岛案例［J］．旅游科学，2010，24（4）：1－11.

③ 毕剑．“美丽中国”背景下旅游生态文明建设研究——以旅游利益相关者为视［J］．西南民族大学学报（人文社会科学版），2013（8）：132－135.

生活过程中产生的环境问题责任，通过对区域旅游经济系统的连续监测做出准确预警、科学反馈与合理的行政问责，确保旅游生态文明建设运行体系在运行过程中能够不断修订，并最终实现区域旅游生态文明建设目标——较强的生态意识、良好的生态环境、可持续的旅游发展模式、完善的生态制度，如图 13－1 所示。

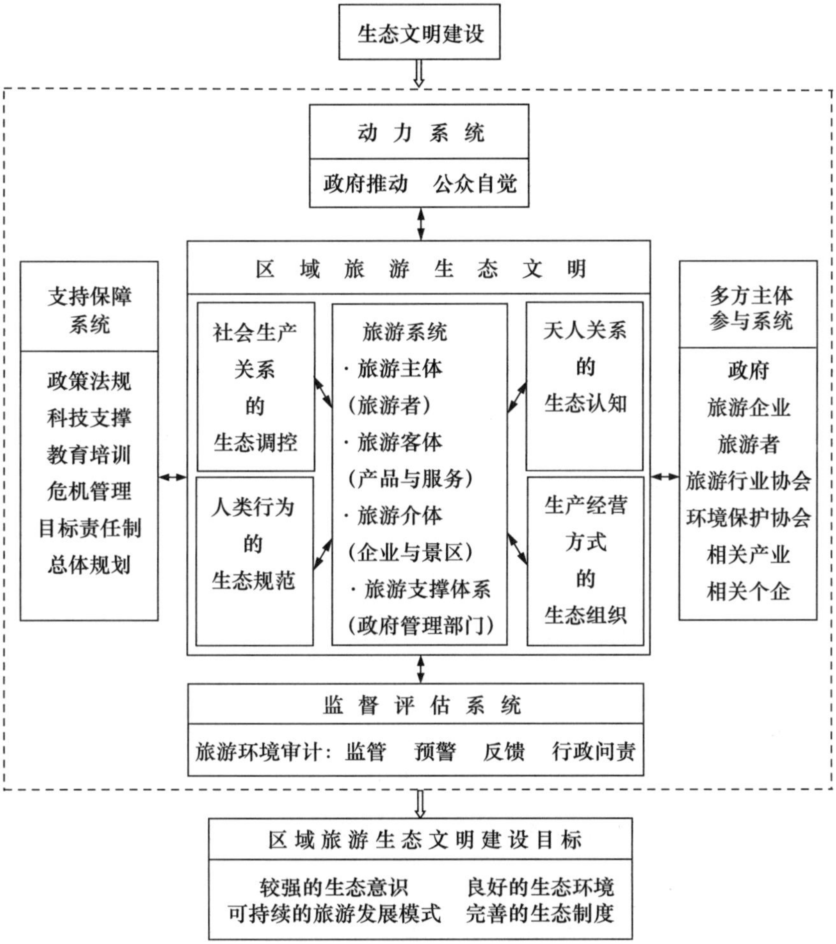

生态文明建设

动 力 系 统
政府推动　公众自觉

支持保障系统
政策法规
科技支撑
教育培训
危机管理
目标责任制
总体规划

区 域 旅 游 生 态 文 明

社会生产关系的生态调控

人类行为的生态规范

旅游系统
· 旅游主体（旅游者）
· 旅游客体（产品与服务）
· 旅游介体（企业与景区）
· 旅游支撑体系（政府管理部门）

天人关系的生态认知

生产经营方式的生态组织

多方主体参与系统
政府
旅游企业
旅游者
旅游行业协会
环境保护协会
相关产业
相关个企

监 督 评 估 系 统
旅游环境审计：监管　预警　反馈　行政问责

区 域 旅 游 生 态 文 明 建 设 目 标
较强的生态意识　良好的生态环境
可持续的旅游发展模式　完善的生态制度

图 13－1　区域旅游生态文明建设运行体系

13.2 环境审计对区域旅游生态文明建设的促进作用

在自然环境公正伦理道德理念的引导下，加强制度文明建设，创设健全合理、公正高效的制度体系和管理机制，才能在实践中不断推进生态文明的建设进程。在环境审计发挥监督评估功能时，应该将生态可持续发展的目标、过程、步骤和措施纳入旅游者行为管理、旅游文化教育和旅游产品的生产与服务活动中，并细化为游客消费以及导游人员和服务接待人员工作、生活中的具体要求。进而，在实践过程中促进整个区域旅游经济系统形成保护环境、崇尚生态文明的社会风气。环境审计在促进当地旅游经济发展方式的生态型转变以及对区域旅游生态文明建设的积极引导和促进作用如下。

13.2.1 提高各主体的生态认知水平

13.2.1.1 游客生态认知水平的提高

对游客进行环境审计能够提高其旅游过程中的生态认知水平。游客不文明行为会对旅游目的地的生态环境产生不良影响，一些国家和地区已经采取了相应的审计措施。泰国旅游警察肩负制止游客购买本国严禁交易动物毛皮行为的职责，奥地利维也纳生态警察局通过专门设备测度旅游环境破坏程度来确定游客违法构成。这些审计措施之所以提高了游客的生态认知水平，是因为干预既成危害环境行为的惩罚措施能够增强游客文明旅游的积极态度。①

此外，对旅游服务进行环境审计能够起到类似的促进作用。如对旅游企业和旅行社开展游客教育审计也会提高旅游者的环保意识。游览途中，游客有时会主动提出有关目的地生态文化的问题，甚至在旅游活动嵌入环境知识环节的情况

① STEG L. Promoting Household Energy Conservation ［J］. Energy PoLicy, 2008, 36 （12）: 4449 - 4453.

下，依然希望了解更多相关内容。[①] 此时，倘若旅游服务人员无法充分掌握目的地生态文化，就会引致游客不满。[②] 相反，富有技巧的专业性文化阐释备受游客青睐，而且，寓教于乐的非正式教育形式还能提高游客接受生态知识传播的热情。[③]也就是说，主客互动的文化渗透能够对游客的生态认知产生影响，然而影响程度与效果在相当程度上取决于旅游企业提供对应服务的质量。而环境审计能够通过对旅游企业提供服务的监管来确保游客接受生态阐释服务的品质。

13.2.1.2 旅游企业及景区管理部门生态认知水平的提高

一方面，对景区管理部门进行环境审计能够促使其传统管理理念到生态管理理念的转变，增强其生态管理意识。如以生态教育为代表的旅游地管理能够通过“柔性”说教有效降低游客不文明行为产生的负面影响。[④]然而，此类目的地治理方式目前还未受到景区管理部门的足够重视。我国张家界、庐山、五大连池就曾因在“向公众科普地球科学知识方面”存在不足遭到联合国教科文组织给予的黄牌警告。通过国际组织的监督警示，“轻保护、轻科普”的景区治理也由此引起景区管理部门的强烈关注并得到有效改善。

另一方面，对旅游产品和服务进行环境审计能够提高旅游企业的生态责任意识。旅游企业的产品生产与服务提供应当符合环境法律的要求，而环境审计的外部压力能够较大程度提升旅游企业对环境绩效的重视程度。[⑤]

13.2.1.3 政府管理部门生态认知水平的提高

对政府管理部门进行环境绩效审计有助于增强其生态政绩意识。此种审计会直接促进区域旅游发展的整体规划。当地政府的生态导向型旅游战略规划与目标管理会对区域旅游产业发展产生深远影响。江西省已着手完善生态文明考评机制，将自然资源资产离任审计纳入干部政绩考评范畴，增强领导干部“绿色政绩观”。

---

①③④ MIchael L. Education on marine mammal tours as agent for conservation – but do tourists want to be educated? [J] . Ocean & Coastal Management, 2003 (46): 943 –956.

② Almagor U. A tourist's "vision quest" in an african game reserve [J]. Annals of Tourism Research, 1985, 12 (1): 31 –48.

⑤ Khanna M., Anton WRQ. What is driving corporate environmentalism: opportunity or threat? [J] . Corporate Environmental Strategy, 2002, 9 (4): 409 –417.

13.2.2 规范旅游业各主体的生态行为

13.2.2.1 规范游客旅游生态行为

对游客进行环境审计有助于规范游客旅游生态行为。环保意识到消费模式的实现路径受到多重调节变量的影响，具有调节作用的情景因素能够通过促进或抑制消费行为影响意识—行为间的关联关系①，其中政府的法规政策这一制度技术情景便和旅游领域的环境审计密切相关。与其他行业的立法相比，我国旅游立法较为滞后，且大多以建议形式呈现，法律效力相对不足，游客对其重视程度较低，此时，倘若对游客行为进行环境审计，增强政府对旅游行为建议的法律效力，则能够强化法规政策的行为调节作用，规范游客旅游行为。2015 年，国家旅游局颁布了《游客不文明行为记录管理暂行办法》，已有游客因攀爬红军雕像被列入全国游客不文明旅游黑名单，这将直接影响到该游客 10 年内的旅游活动，也对其他游客起到较强的警示作用。

此外，对旅游企业提供的旅游服务进行环境审计同样对游客旅游生态行为的规范有所助益。个体环保行为的实施高度依赖权威部门提供的行为规范②，我国出台的《旅行社服务通则》就规定了旅行社应对游客进行行前告知，而《导游领队引导文明旅游规范》也指出需要通过导游督促提醒避免游客触犯当地禁忌。熟识目的地具体情况的旅游企业，其告知和提醒中涉及的公众规范具有较高的权威性，对游客的旅游行为具有直接的指导意义。由此可见，有必要对旅游企业的游客告知内容及相关旅游服务进行审计，进而为游客生态行为的规范提供保障。

13.2.2.2 规范旅游企业生态运营行为

对旅游企业进行环境审计能够规范其生态运营行为。旅游的快速发展使目的地自然环境面临被破坏的威胁，旅游企业应该承担起保护当地环境的社会责任。然而，就目前而言，旅游业在维护环境方面所尽的义务远远不够。部分原因是旅游行业牵涉众多利益主体，议价能力的比较优势对经营决策产生的显著影响制约

---

① 王建明，王俊豪．公众低碳消费模式的影响因素模型与政府管制政策——基于扎根理论的一个探索性研究［J］．管理世界，2011（4）：58－68.

② RICE，G. Pro－environmental behavior in Egypt：is there a role for islamic environmental ethics?［J］. Journal of Business Ethics，2006（65）：373－390.

了其履行保护环境责任的积极性。[①] 但是，制度压力能够促进旅游企业实施社会责任，规范压力与规制压力是导致企业高管履行社会责任的关键因素[②]，由此，环境审计规制对企业运营生态行为的规范也起到一定的效力。

13.2.2.3 规范政府管理部门的生态规划行为

对政府管理部门进行环境审计，会对其内部主体的管制性生态行为有所助益。四川绵阳率先出台《县市区党政主要负责人离任生态环境审计评估试点指标体系》，温江、松潘、宝兴等地也已启动生态红线划定试点并着手进行全省推广，依据考核指标与生态红线进行审查，为相关党政负责人治理当地环境提供绩效目标，使其对目的地的环境治理趋于规范，而这必然会促进当地的旅游业朝着生态导向型的旅游发展模式转型。改革与完善地方官员政治晋升的评价考核体系，逐步改变完全以 GDP 增长率作为政绩考核唯一指标的现实，迫使地方官员真正把实现经济低碳转型和经济发展方式转变作为当前紧要的任务完成。

13.2.3 促进旅游经济系统内生产经营方式的生态化

经营方式是生产方式的具体表现，是企业在经营活动中采取的方式和方法。与环境相关的经营方式包括清洁生产（如旅馆接待业中的 5S 管理和六西格玛管理）、绿色供应链管理（如游客教育管理与目的地的生态解说）、循环经济理念的应用（如普者黑景区以旅游为龙头带动景区周边村落实现观光采摘、葡萄制酒工业生产线游览等区域循环经济发展），等等。清洁生产强调对环境的预防性保护，绿色供应链管理关注供应链各环节的环境问题，循环经济理念的应用在考虑减少环境破坏的同时倡导产品与资源的反复利用，它们涉及了生产经营的不同环节。环境审计的实施能够监督、反馈旅游企业的生产经营活动，并在此基础上通过制度性干预促进企业对自身生产经营方式作出适时调整，加速旅游企业的生态运营进程。

---

① 黎耀奇，傅慧．旅游企业社会责任：研究述评与展望［J］．旅游学刊，2014，29（6）：107－116.

② 李彬，谷慧敏，高伟．制度压力如何影响企业社会责任：基于旅游企业的实证研究［J］．南开管理评论，2011，14（6）：67－75.

13.2.4 增强旅游社会生产关系生态调控体系的效力

人类只有在社会关系方面建立一种有计划的生产和分配的机制，才能有效利用和开发自然资源。旅游领域中的环境审计能够确保制定的社会生产关系生态调控的政策、法规和条例得到有效实施，增强其实施效力与调控效应。只有尽快建立国家生态调控体系，从社会生产力、社会体制、生态体系的微观和宏观调控等方面入手，使我们的生活、生产与自然的生态实现高度一致、和谐相处，才能从根本上减轻自然灾害频发的现象，有效减轻灾害带来的损失，更好地推动生态文明的发展和进步。

我国已实施的环境影响评价法、对游客的《游客不文明行为记录管理暂行办法》、对旅游接待业的低碳运营规定、对旅游开发与资源的分配关系等都有一些法律、法规和地方条例出台，如实施生态环境修复保证金制度，西藏实施的环保第一审批权制度，提出了“如果损害环境就是金子也不挖”。在建设项目审批上认真履行职责，坚持把好环保第一审批关，所有新、改、扩建设项目，必须由环保部门把第一审批关。除此之外，生态调控体系还包括生态环境整合管理工具的应用如环境技术、生态工程、环境立法和公约，清洁生产和工业生态园等也是调控体系的一部分。[①] 2015 年 8 月 17 日，中共中央办公厅、国务院办公厅印发了《党政领导干部生态环境损害责任追究办法（试行）》（以下简称《办法》）。该《办法》提出，实行生态环境损害责任终身追究制。对违背科学发展要求、造成生态环境和资源严重破坏的，责任人无论是否已调离、提拔或者退休，都必须严格追责。以坚决的态度和果断的措施遏制对生态文明的破坏。对党政干部的生态绩效考核和执行情况就要有合规审计来监督，有了审计就能强化这些法规和制度的执行效力。

---

① Jorgensen S. , Nielsen S. Tool boxes for an integrated ecological and environmental management [J]. Ecological Indicators, 2012 (21): 104 - 109.

13.3　旅游经济系统内环境审计与生态文明建设的双螺旋耦合互馈

旅游经济系统内的环境审计内容与生态文明建设内容具有一定的耦合性。一方面，旅游经济系统内部环境审计对区域旅游生态文明建设内容的完成有所助益；另一方面，区域旅游生态文明建设的不断深化能够推动旅游经济系统内部环境审计的审计内容与考察规则的不断完善。二者通过促进作用与回馈作用推动区域旅游经济系统内部生态文明的提升，并最终实现区域旅游生态文明建设目标。

13.3.1　旅游经济系统内环境审计对生态文明建设的促进作用

区域旅游经济系统生态文明建设内容包括天人关系的生态认知、生产经营方式的生态组织、人类行为的生态规范、社会生产关系的生态调控。实施游客环境审计、旅游产品与服务环境审计、旅游企业与景区管理部门环境审计以及政府管理部门环境审计对区域旅游生态文明建设产生直接的促进作用，这反映在旅游经济系统内同生态文明建设内容相对应的旅游主体、旅游客体、旅游介体、旅游支撑体系的变化中。具体表现为，旅游主体（旅游者）环境意识的提高，消费行为的改变；旅游客体（旅游产品与服务）生产生态化，生态效益最优；旅游介体（旅游企业与景区管理部门）提供绿色接待与低碳环保的服务，生产方式得以转变；旅游支撑体系（政府管理部门）开始实施立足生态系统服务的旅游规划。鉴于上面已就“旅游环境审计对区域旅游生态文明建设的促进作用”进行了具体阐述，这里不再赘言。

13.3.2　旅游经济系统内生态文明建设对环境审计的回馈作用

回馈，亦反馈，是现代科学技术的基本概念之一。一般来讲，控制论中的反馈概念，指将系统的输出返回到输入端并以某种方式改变输入，进而影响系统功能的过程。环境审计对区域旅游生态文明建设的直接正面影响反作用于环境审计，提高了其实施的准确性与科学性，进而继续促进区域旅游经济系统生态文明建设运行体系的良性运行。

随着党和政府对生态文明建设认知的不断加深，其内容不断扩大和升华，这就要求环境审计内容随之不断延伸。认知过程是不断螺旋式上升的，建设内容也随之不断提升。党的十六大“生态良好的文明发展道路”，到党的十七大“生态文明”的明确提出，再到党的十八大“生态文明”的独立成篇，国家对生态文明建设内容要求的不断深化也对环境审计提出新的要求，使其内容不断扩充，比如干部生态绩效考察审计的出台等。

工业化过程中，我们的制度安排并没有考虑碳排放的问题，这是由人类的认知能力决定的。现在我们开始认识到温室气体的排放对气候变化的影响，以及气候变化对人类经济社会发展的影响，因此发展低碳经济已经成为人类社会发展的选择。现在的关键是如何从高碳发展向低碳发展转变。这其中，认知和观念的转变非常重要。人类发展低碳经济的认知的形成是基于气候变化方面的知识的增长。2013 年 6 月欧盟委员会提出了航运温室气体排放“监控、报告、验证（Monitoring，Reporting，Verification）”法规草案，简称“MRV 法规”。根据该法规草案，船舶监测、计算自身运营时燃油消耗、二氧化碳排放以及相关信息，由经认证的第三方机构对提交数据进行验证，并按规定期限上报。该法规正式成为欧盟法律并于 2015 年 7 月 1 日正式生效。MRV 中直接要求有验证审计的环节，这样对我国的邮轮等旅游产品的环境审计将会提出更高的要求。旅游业的二氧化碳排放审计也势在必行了。

13.3.3 旅游生态文明建设对区域生态文明的提升

区域旅游经济系统内的环境审计与生态文明通过相互作用呈现螺旋上升的互馈演进发展趋势，使区域旅游经济系统不断追求生态文明建设导向的发展模式，从而促进了区域旅游生态文明建设目标的实现，如图 13 - 2 所示。

旅游产业具有劳动密集型优势，为区域发展提供大量的当地就业机会。通过实施区域旅游环境审计，这些就业人员的生态意识与生态服务理念得以改善，旅游企业和景区环境意识得以提高，人文资源和自然资源得到有效保护，这些旅游吸引物能为区域旅游产业发展吸引充足、稳定的客源，而游客绿色消费理念也在服务人员生态服务与环境教育的引导下有所提升。对政府生态绩效的考核，促使

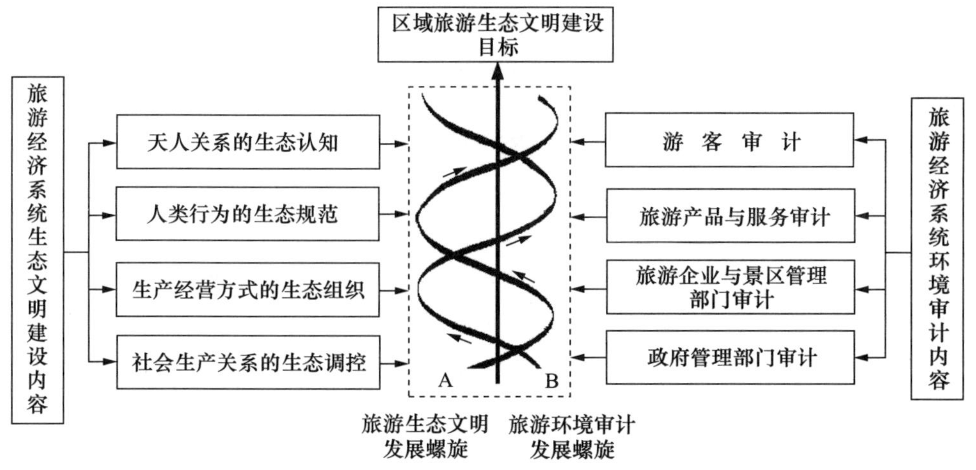

图13-2　旅游环境审计与区域旅游生态文明建设双螺旋耦合发展示意

政府规划部门对旅游用地项目更加严格的审查，区域建设用地结构得到优化。促进了自然生态环境的良性循环，创造了良好的自然环境。所有这一切能够有效带动区域旅游经济系统生态文明的提升。

13.4　生态文明视角下的区域旅游环境审计实施策略

区域旅游经济系统是不同变量、要素构成的相互联系、相互制约的社会、自然、经济综合体，不同于单个审计对象，其内部环境问题具有明显的点多面广的特点。为了更好地保证区域旅游生态文明建设体系的顺利运行，并最终实现区域旅游生态文明的建设目标，区域旅游环境审计要实施以下策略。

13.4.1　把握区域旅游环境审计目标

宏观层面，区域旅游环境审计应该具有整体性目标，这是基于国家生态文明建设理念与环境保护的纲领性政策制定的，同时要符合区域旅游的战略与功能定位并结合区域旅游经济体系的具体运行与环境绩效状况。微观层面，环境审计应该结合区域旅游生态文明建设内容对系统内不同被审计主体的各个方面进行针对性考察，并结合地方情况开展具体工作。微观层面的审计目标必须服务于宏观层面的整体性目标，二者通过区域旅游环境审计的总体规划与具体立项进行衔接。

13.4.2 考察区域旅游环境审计特性差异

不同的区域旅游经济系统资源禀赋有很大的差异，实施环境审计的对象和类别就会不同；既要考虑旅游行业结构特征、区域具体环境状况以及当地旅游主要污染源性质，同时也要考虑系统内部不同主体的生态认知情况、行为规范程度、各组织联系关系以及社会生产关系特征。这意味着区域旅游环境审计需要周密的多审计立项，单一审计项目无法完成对系统的全部监督监测。

13.4.3 整合区域旅游环境审计资源

环境审计的实施涉及旅游经济系统内部不同审计主体，考察对象复杂，而且，旅游环境审计需要对与系统内不同审计主体相关的生态文明建设内容进行考察，审计内容广泛，这对审计标准与技术提出了更高的要求。因此，环境审计的实施应该与当地其他环境保护部门的工作相配合进行协同审计。区域生态文明的战略部署，只有在多专业、多部门共同研究协同发展的基础上建立一种区域战略发展思想，才能避免不均衡开发利用自然资源的状况，从而保持生态的和谐发展。目前，在旅游接待业低碳绿色转型的推进和国内碳交易市场的兴起环境下，碳资产管理师、碳交易师、碳审计师等低碳职业工作者也可能会成为实施区域旅游环境审计时配合部门监管的重要人才。

13.4.4 建立区域旅游环境审计协作联动机制

负有生态环境和资源保护监管职责的工作部门、纪检监察机关、组织（人事）部门要加强沟通协作，形成工作合力。司法机关在生态环境和资源损害等案件处理过程中发现有违反规定的追责情形的，应当向有关纪检监察机关或者组织（人事）部门提出处理建议。

13.4.5 加强审计项目的中期评估和后评估

对区域旅游规划和项目要进行审计项目的中期评估及后评估，对部分完成和

已经完成的审计项目的目标、执行过程、绩效、影响进行分析，确定项目预期的目标是否达到或未来是否能够达到、依法实施的审计过程是否合理有效、审计的结果是否产生积极的推动生态文明建设的效应。例如，欧盟海洋的适应性管理的法律框架中非常重视管理应以社会和生态的规模来调整，实施过程中强调基于反复学习的战略，并辅助以阶段性的评价和监测①。

① Bigagli E. The EU legal framework for the management of marine complex social – ecological systems [J]. Marine Policy, 2015 (54): 44 – 51.